La Nouvelle *Gold Card* de Trump : Un Guide Complet sur le Programme d'Immigration *Trump Gold Card*

Anna Alexis Michel

La Nouvelle *Gold Card* de Trump : Un Guide Complet sur le Programme d'Immigration *Trump Gold Card*

Anna Alexis Michel

LES ÉDITIONS AMÉRICAINES

Dépôt légal 2026
ISBN 979-8-9944301-0-1
Library of Congress

Avertissement

Bien que juriste et spécialiste des États-Unis, l'auteur de cet ouvrage n'est pas un avocat d'immigration américaine. Les informations contenues dans ce livre sont fournies **à titre purement informatif et éducatif**, sur la base de sources publiques, de réglementations officielles et d'analyses généralement disponibles à la date de rédaction.

Ce livre n'a en aucun cas pour objectif de dispenser des conseils juridiques personnalisés, ni de constituer une recommandation pour entreprendre une démarche d'immigration, qu'il s'agisse de la *Gold Card*, de l'EB-1A, de l'EB-2 NIW ou de toute autre catégorie de visa ou de résidence permanente.

Les lois, règlements, politiques et interprétations de l'USCIS (*U.S. Citizenship and Immigration Services*) en matière d'immigration sont complexes, évoluent fréquemment et dépendent fortement des circonstances individuelles de chaque demandeur.

Prendre une décision sur la seule base des informations de ce livre pourrait entraîner des conséquences graves, y compris un refus de visa, une perte financière irrécupérable ou des complications juridiques.

Avant d'entreprendre la moindre démarche liée à une demande de visa, de *green card* ou de tout programme d'immigration aux États-Unis, **il est impératif de consulter un avocat spécialisé en immigration américaine dûment licencié et expérimenté**[1].

1 Dispositions principales :
8 CFR § 1292.1 (règlement du Department of Justice – EOIR) : Cette section énumère les personnes autorisées à pratiquer le droit de l'immigration et à représenter des individus devant

Seul un professionnel qualifié peut évaluer votre situation personnelle, vous conseiller sur les options adaptées et vous représenter officiellement le cas échéant.

L'auteur et l'éditeur déclinent toute responsabilité quant aux décisions prises ou aux actions entreprises par le lecteur sur la base des informations contenues dans cet ouvrage.

---

l'EOIR et/ou le DHS (*Department of Homeland Security, incluant USCIS*). Seuls sont autorisés : les *attorneys* (avocats) admis à pratiquer dans un État et en règle ; Les *accredited representatives* (représentants accrédités par l'EOIR via une organisation reconnue) ; Certaines catégories limitées (*law students, reputable individuals* sous supervision, etc.). Toute personne non qualifiée (consultants en immigration non accrédités, ou visa consultants) est explicitement interdite de représentation ou d'apparition devant ces instances.

8 CFR § 1001.1 et 8 CFR § 1.2 (définitions DHS/USCIS) :

Ces sections définissent la « *practice* » (pratique du droit de l'immigration) comme incluant : L'apparition en personne ou la préparation/*filing* de documents (*forms, petitions, briefs*) au nom d'autrui devant le DHS. La « *preparation* », qui inclut l'étude des faits, l'application des lois, et le fait de donner des conseils (*giving of advice*) sur des matières d'immigration.

La pratique est dite non autorisée lorsqu'elle est effectuée par une personne non qualifiée. Des exceptions limitées existent pour les notaires publics (uniquement pour des fonctions notariales basiques) ou l'aide gratuite à remplir des formulaires vides sans conseil.

En résumé, **seul un avocat licencié (ou un représentant accrédité EOIR)** peut légalement donner des conseils personnalisés en matière d'immigration aux USA, car cela constitue la « *practice of law* ». Toute autre personne risque d'être considérée comme pratiquant illégalement le droit de l'immigration.

Pour des informations générales (non personnalisées), des sources officielles comme USCIS.gov peuvent être consultées, mais pour un cas spécifique, consultez un professionnel autorisé.

Introduction

En janvier 2026, la chanteuse Nicki Minaj s'affichait à un événement aux côtés du président Donald Trump, il s'agissait de promouvoir les nouveaux comptes d'épargne pour enfants.

Peu après, Nicki publiait sur X la photographie d'une carte dorée étincelante, dénommée « *Trump Gold Card* », accompagnée d'un laconique « *Welp...* », suivi de « *Gold Trump card free of charge* ».

Cette carte n'était pas qu'un simple objet promotionnel. C'est le symbole du programme « *Gold Card* » permettant aux investisseurs étrangers, moyennant le paiement d'un million de dollars et de divers frais de dossier, d'obtenir rapidement la résidence permanente. Et à partir de là, de se frayer un chemin vers la citoyenneté américaine.

Artiste résidente permanente aux Etats-Unis d'Amérique depuis de longues années, Nicki n'avait nul besoin de ce programme pour régulariser sa situation. C'était fait depuis longtemps.

Mais la fierté assumée lorsqu'elle brandit cette carte dorée incarnait son soutien à Donald Trump et permettait de souligner, dans ses propres mots, qu'elle avançait vers la citoyenneté « *as per MY wonderful, gracious, charming President* ».

Ce geste répondait également, avec une pointe de provocation, aux pétitions en ligne qui réclamaient bruyamment sa déportation.

En somme, Nicki Minaj était en règle depuis bien longtemps grâce à sa green card, elle utilisait tout simplement cette carte Trump comme un symbole fort : dans un geste à la fois théâtral, promotionnel et politique, elle marquait son rapprochement assumé avec le président Donald J.Trump et soulignait son désir de devenir pleinement américaine.

Si, dans le cas de Nicki Minaj, la carte dorée lui fut offerte gracieusement par la Maison Blanche, à titre de souvenir symbolique, et non comme document officiel attestant d'une procédure d'immigration, c'est évidemment anecdotique. Cette Gold Card est loin d'être un gadget et mérite d'être étudiée.

Bienvenue donc dans cet ouvrage dédié à la nouvelle « *Gold Card* » de Trump, la fameuse « *Trump Gold Card* ».

Lancé en 2025 par l'administration du Président Donald J. Trump, ce programme d'immigration n'inaugure en réalité pas une nouvelle sorte de carte verte, mais un mécanisme de traitement prioritaire par l'argent, qui s'appuie sur deux types de visas existants : les visas EB-1A et EB-2 NIW.

Alors, à quoi sert ce nouveau mécanisme si les visas sur lesquels il repose existent déjà ?

À l'origine, l'intention première était de remplacer le très critiqué visa EB-5. Néanmoins, un certain nombre de paramètres ont contraint l'administration, pour ne pas reculer, à repenser le projet entre l'annonce qui en avait été faite en février 2025 et son lancement en décembre de la même année[2]. La *Gold Card*, telle qu'elle existe, est donc très différente du projet initial.

Pourtant son objectif reste inchangé : attirer des investisseurs et des professionnels fortunés aux États-Unis en traitant leur demande en un temps record, en échange d'une contribution financière significative. C'est pourquoi la presse,

---

[2] Annonce par le Président Trump et le Secrétaire au Commerce Lutnick https://www.youtube.com/watch?v=pwkupolitico kvlHbFo

notamment française, l'a qualifiée de carte verte « *premium* » ou « de luxe », visant « *à retenir les talents et à attirer les capitaux* ».

« *Faisons venir les meilleurs* », avait déclaré le Secrétaire au Commerce Lutnick « *Aidons-les à faire croître et à construire l'Amérique. Pourquoi devrions-nous accepter des personnes qui sont en dessous de la moyenne ? Cela n'a tout simplement aucun sens.* »

Lutnick soulignait que le « *détenteur moyen d'une carte verte* » aux États-Unis gagne « *un tiers de moins que l'Américain moyen* », l'idée est qu'avec la *Gold Card*, ce ne soit plus le cas[3]. Evidemment, son propos faisait abstraction des très grosses différences de profil entre détenteurs de cartes vertes, certaines communautés comme la communauté asiatique réussissant excessivement bien aux Etats-Unis par exemple. Mais, en gros, son constat était exact.

Cette initiative, bien évidemment controversée pour les motifs que nous examinerons, promet un chemin accéléré vers la résidence permanente, et donc, à terme, vers la citoyenneté américaine, tout en stimulant l'économie nationale.

Dans les pages qui suivent, je vous invite à explorer l'historique du programme, les critères d'éligibilité, le processus de candidature, les frais requis, les avantages offerts ainsi que les controverses entourant ce programme.

Vous trouverez également une comparaison avec d'autres programmes d'immigration existants, tant aux États-Unis d'Amérique qu'à l'étranger.

Cet ouvrage est conçu pour être clair et accessible, que vous soyez un candidat potentiel, un observateur curieux ou un professionnel du droit. Toutes les informations qu'il contient

[3] https://www.cnbc.com/2025/12/11/lutnick-economy-gold-card-trump.html

sont tirées de sources officielles et médiatiques fiables, mises à jour à la date de publication.

Attention : elles ne constituent toutefois pas un avis juridique, et il est indispensable de vous faire accompagner par un avocat spécialisé.

Chapitre 1 : Contexte et Historique

1.1. L'annonce surprise de février 2025

La première mention publique de la **Trump Gold Card** (ou « *Gold Card* ») remonte à février 2025, plus précisément au **25 février 2025**, lors d'une intervention improvisée du président Donald J. Trump à la Maison-Blanche. *THE NEW YORK TIMES* rapporte, dans son édition du 25 février, que le président Trump « *avait dévoilé ses plans pour un nouveau programme de visa qu'il appelait la carte* Gold », qui « *permettrait aux « personnes de très haut niveau » d'accéder à une nouvelle « voie vers la citoyenneté* », et que le secrétaire au Commerce, Howard Lutnick, avait déclaré que la carte Gold « *remplacerait le programme de visa EB-5, qui offre également une voie vers la citoyenneté aux investisseurs étrangers fortunés* ».

L'idée initiale était donc de vendre une « *Gold Card* » à **5 millions de dollars**, comme une prestigieuse alternative à la carte verte (GREEN CARD).

Dans cette vision idéale, la nouvelle carte offrirait une voie accélérée vers la résidence permanente et la citoyenneté pour les immigrants fortunés.

L'objectif affiché lors de cette annonce était de remplacer ou de réformer le programme EB-5 existant, tout en attirant de riches investisseurs, tout en générant de substantiels revenus pour le gouvernement américain.

Nous verrons comment, confrontée au principe de réalité, cette idée fut contrainte d'évoluer.

1.2. Les origines de l'idée : Donald Trump, Howard Lutnick et John Paulson

Le projet était-il dans les cartons depuis longtemps ? Apparemment non : rien n'atteste que cela ait été prévu de longue date. L'idée semble avoir émergé assez rapidement au début du second mandat du président Donald J. Trump, en janvier 2025. Diverses sources concordantes semblent indiquer qu'il s'agissait d'une proposition surprise, annoncée « *just a month into his second term* » ou « *early in his second term* », autrement dit en tout début de présidence.

À bien y regarder, on ne trouve en effet aucune trace d'une planification antérieure, que ce soit pendant la campagne électorale de 2024 ou avant. Rien non plus dans le **Project 2025** de la *Heritage Foundation*. Ce n'est donc pas une recommandation issue du Project 2025.

Rappelons que Trump s'est publiquement distancé de certaines parties du Project 2025 pendant la campagne, et que cette mesure spécifique semble être une création post-électorale, sans lien direct avec le BLUEPRINT conservateur de 2023.

On n'y trouve logiquement aucune mention d'un programme de type « *Gold Card* », c'est-à-dire une vente de résidence et/ou de citoyenneté contre don ou investissement pur, sans création d'emplois obligatoire. Il y est brièvement fait mention du programme EB-5 (le visa investisseur existant), mais dans un sens critique ou en vue de le réformer vers davantage de création d'emplois et moins de fraude – pas pour le remplacer par un visa octroyé moyennant un don direct au gouvernement.

Aucune proposition dans le texte ne vise à attirer des immigrants fortunés via un paiement direct au Trésor afin d'accélérer une GREEN CARD via EB-1A ou EB-2 NIW.

Le chapitre sur l'immigration du **Project 2025** (rédigé par des experts tels que Ken Cuccinelli) proposait au contraire des réformes restrictives : le renforcement des frontières, la fin de certaines protections pour les migrants irréguliers, les restrictions sur les visas humanitaires et priorisation des immigrants qualifiés sur des critères de mérite (talents, compétences, assimilation).

Si l'administration Trump a finalement totalement adhéré à ce schéma, le Président y a cependant ajouté sa petite touche personnelle, l'immigration par l'argent.

En réalité, la branche la plus à droite de l'aile républicaine prône une immigration quasi nulle. Il suffit de se rappeler les débats houleux autour du programme H-1B qui ont déchiré « nouveaux républicains » et « éléphants dogmatiques ».

L'approche du président Trump est infiniment plus pragmatique. On peut résumer sa posture en disant qu'il n'est pas opposé à l'immigration pour autant qu'elle réponde à deux critères : 1. être une immigration choisie et non subie, et 2. être bénéficiaire pour les Américains.

La *Gold Card* est donc indiscutablement l'initiative de la nouvelle administration Trump.

Annoncée en février 2025, elle sera formalisée de manière sensiblement différente quelques mois plus tard, en septembre 2025, par un décret présidentiel (EXECUTIVE ORDER).

Comment est-elle née ?

Elle est souvent présentée comme une idée de Trump et de son secrétaire au Commerce, Howard Lutnick, visant à générer des revenus directs afin de réduire la dette. Cependant, plusieurs déclarations du secrétaire au Commerce Howard Lutnick dans divers entretiens à la presse — notamment sur le podcast *ALL-IN* en mars 2025, et rapportées par des médias[4] confirment que l'origine de l'initiative trouve bien sa source dans une conversation entre Trump et un certain Paulson.

1.3. L'évolution du projet : du concept initial à 5 millions au lancement à 1 million

L'idée de la *Gold Card* — dans sa conception initiale, dont le droit d'entrée était annoncé à 5 millions de dollars avant d'être ramené à 1 million — serait venue à Donald Trump lui-même, lors d'une conversation qu'il aurait eue avec le milliardaire John Paulson, investisseur et important donateur.

Paulson aurait suggéré à Trump l'idée de « vendre » des visas ou une résidence accélérée plutôt que de les « donner » gratuitement, en critiquant le programme EB-5 existant, jugé trop frauduleux et pas assez rentable. Le président Trump aurait fait sienne cette suggestion et développé le concept, le présentant comme un moyen de générer des revenus massifs susceptibles de réduire la dette nationale.

Le président Trump annonce publiquement cette idée le 25 février 2025 à la Maison-Blanche, aux côtés de Lutnick. L'idée est alors de remplacer l'EB-5.

Nous verrons cependant comment cette idée initiale va fortement évoluer pour répondre aux critiques qui surgiront après cette annonce et tout au long de l'année 2025 :

Entre avril et juin 2025, des prototypes de carte sont montrés et une liste d'attente est ouverte. Dix mille personnes se seraient préinscrites. La presse[5] se fait en tout cas l'écho des demandes pressantes de clients fortunés auprès des cabinets

[4] Tels que *THE NEW REPUBLIC*, *FINANCIAL EXPRESS*, *INVESTING.COM* et *INDIA TODAY*.

[5] https://haverfordclerk.com/how-is-howard-lutnick-83-involved-in-trumps-gold-card-visa-program/

d'avocats spécialisés en immigration. Payer 5 millions de dollars ne semble pas rebuter l'élite, pour qui cette somme est raisonnable – c'est le prix d'une résidence secondaire bien pratique.

« *Pour ces gens-là, 5 millions, c'est le prix d'une année de carburant pour leur jet privé. Ça ne leur fait ni chaud ni froid* », confiera Matthew Kolken, avocat en immigration basé à Buffalo (New York). Il ajoute que le tarif semble même plutôt attractif au vu du temps et des complications que le nouveau système offrirait à ces multimillionnaires : « *Ça leur permet tout simplement d'acheter leur entrée aux États-Unis, en posant leur carte American Express Centurion sur le comptoir.* »

Même son de cloche du côté des clients de Mona Shah, autre avocate en immigration, qui déclare recevoir des demandes venant d'Inde, du Pakistan, d'Égypte et même, par l'intermédiaire d'un confrère correspondant, de Russie.

Cet engouement soudain s'explique aisément par les promesses du nouveau programme : une voie express vers la résidence permanente, assortie d'avantages fiscaux alléchants. Les détenteurs ne seraient imposés que sur leurs revenus générés aux États-Unis, dit-on alors.

Il ne faut pas sous-estimer non plus l'effet « *It-bag* » : obtenir la fameuse *Gold Card*, c'est un peu comme acquérir le dernier accessoire à la mode ou s'offrir une adhésion au club privé de Mar-a-Lago. La *Gold Card* est perçue comme un accessoire de prestige. Elle pourrait, comme on dit, ouvrir des portes. Trump entretient d'ailleurs le flou à l'époque sur la nature de ces « privilèges supplémentaires », sans en préciser davantage le contenu.

Ce flou laisse libre cours à l'imagination : opportunités d'affaires, prêts commerciaux facilités, files dédiées aux douanes, traitement VIP partout et en tout lieu ? « *Mes clients y voient une séparation nette entre première classe et classe économique, un vrai tapis rouge qui les ferait se sentir comme des invités de marque partout où ils vont* », explique alors Mona Shah à la presse.

Malgré l'enthousiasme suscité, les détails restent imprécis.

C'est là que Lutnick va jouer un rôle majeur. Si l'idée ne vient pas principalement de lui, il est indéniable qu'il va jouer un rôle clé dans son exécution : c'est lui qui va « *figurer comment le faire* » légalement.

Le grand apport de Lutnick est d'avoir pris acte des critiques suscitées dès février 2025, non pour tuer le programme, mais pour contourner les obstacles liés à sa légalité en transformant la mesure en une déclinaison de visas existants.

1.4. Le cadre juridique : Executive Order 14351

Sa solution ne sera ni de créer une nouvelle catégorie de visa ni de supprimer le fameux EB-5 – deux mesures qui auraient requis l'approbation du Congrès – mais d'en faire **une modalité d'attribution** attachée aux catégories existantes EB-1A et EB-2 NIW, promettant un traitement en un temps record moyennant un « *don* » au Trésor.

Au-delà du montage juridique, c'est aussi Lutnick qui va assurer le service marketing, en multipliant les interviews et en revendiquant fièrement le nombre de pré-inscriptions et de ventes en cours.

Il est donc juste de le décrire comme l'un des principaux architectes – sinon le leader – du déploiement du programme via le département du Commerce qu'il dirige. Certaines sources (comme *POLITICO*[6]) assurent même que Trump l'aurait publiquement crédité comme étant l'inventeur de la *Gold Card*

[6] https://www.politico.com/news/2025/09/19/trump-gold-card-visa-00573494

plutôt que comme son architecte. Or, nous l'avons vu, cette affirmation semble contredite par les déclarations répétées de Lutnick lui-même, qui attribue systématiquement la paternité de l'idée à Trump et Paulson.

À bien y réfléchir, cette histoire de *Gold Card* correspond parfaitement au style de Trump : pragmatique, monétisée, et visant à attirer les « meilleurs » — comprenez les plus riches ou ceux dont l'activité aux États-Unis peut générer un bénéfice pour le pays — tout en générant des milliards de droits d'entrée pour le Trésor américain.

En résumé, il s'agit d'une idée du président Trump, inspirée par Paulson et mise en œuvre par Lutnick.

En conséquence, il n'y a donc pas création d'un nouveau programme d'immigration — ce qui excéderait la compétence exécutive présidentielle — mais la mise en place d'une mesure d'exécution : un traitement accéléré moyennant espèces sonnantes et trébuchantes, appliqué à des visas existants (EB-1A / EB-2 NIW).

La proclamation de la *Gold Card* sera formalisée par décret présidentiel (EXECUTIVE ORDER) le **19 septembre 2025**[7] : le président Trump signe l'**Executive Order 14351**, ordonnant au secrétaire au Commerce de donner le feu vert à la création de cette *Gold Card* destinée à attirer entrepreneurs, investisseurs et hommes d'affaires prospères. La mise en pratique intervient dès décembre de la même année.

Pourtant, le **24 septembre 2025**, le magazine *FORBES* n'y croyait toujours pas, consacrant un article entier aux raisons pour lesquelles, selon lui, cette fameuse *Gold Card* ne verrait probablement jamais le jour.

---

7. *Trump signs "gold card" residency order, cuts price to $1 million* – by Ben Berkowitz - https://www.axios.com/2025/09/19/trump-gold-card-platinum-card

Pourquoi *Forbes* n'y croyait-il pas à ce moment-là ?

Sans doute au-delà du TDS – *Trump Derangment Syndrom* habituel –, d'abord parce que l'article réagissait aux déclarations du Secrétaire au Commerce **Howard Lutnick** , rapportées par le **Wall Street Journal** de la veille, 23 septembre, selon lesquelles l'administration envisagerait de « suspendre » toutes les autres catégories de *Green Cards* pour faire de la *Gold Card* **la seule voie d'immigration permanente**.

Pour les experts interrogés par Forbes, c'était légalement impossible, dans la mesure où cela aurait dépassé largement l'autorité présidentielle et violé la séparation des pouvoirs : seul le Congrès peut modifier la loi, le Président ne pouvant définir – certes avec une grande latitude – que ses mesures d'exécution.

Ensuite parce que des experts en immigration, comme Jorge Loweree de l'*American Immigration Council* ou Julia Gelatt du *Migration Policy Institute*, présumaient que le programme serait rapidement bloqué par des actions judicaires. La base ? Même avec ce bricolage en faisant une modalité reposant sur deux visas existants, le programme ne tenait pas la route, selon eux, sans l'adoption d'une nouvelle législation par le Congrès. L'EO ne créait pas une nouvelle catégorie valide – toute la discussion est là, s'agit-il d'une nouvelle catégorie ou la modélisation d'une catégorie existante ? – et serait inévitablement bloqué par des actions judiciaires. Ils citaient pour étayer leur raisonnement des précédents judiciaires comme *Youngstown Sheet & Tube Co. v. Sawyer* (1952) *crf infra*.

Finalement la réduction drastique du prix du « *don* », de 5 millions à 1 million de dollars, était interprétée comme un signe prouvant une **faible demande** et un programme déjà en difficulté, pour ainsi dire mort-né. Au surplus, certaines remarques du nouveau directeur de l'USCIS, Joseph Edlow, laissaient à penser que son administration n'était pas prête.

Autre bizarrerie, le fait que le programme soit géré par le Département du Commerce (sous Lutnick) plutôt que par le DHS/USCIS semblait incongru et semblait dénoter, selon les détracteurs du programme, d'un manque de coordination des ministères au sein de l'administration Trump.

En résumé, le magazine *Forbes* et ses experts considéraient la *Gold Card* comme une espèce de gadget marketing, certes ambitieux, mais juridiquement fragile, potentiellement condamné à l'échec sans intervention du Congrès – d'où le titre de l'article de Forbes affirmant qu'elle « *probably won't happen* ».

Défiant cette prédiction, le programme *Gold Card* a pourtant ouvert en décembre 2025[8] avec un prix à 1 million de dollars (la version Platinum à 5 millions restant dans les cartons), et les candidatures pré-introduites sur le site internet *trumpcard.gov* ont commencé à entrer en face d'examen.

1.5. Débats sur la légalité et comparaisons avec DACA et autres programmes exécutifs

Restent deux critiques majeures à l'encontre du programme : sa légalité (sans approbation du Congrès) et le fait qu'il braderait la citoyenneté américaine.

Revenons sur ces deux critiques :

I. Le principal problème juridique est lié à l'implémentation de la *Gold Card* via un *Executive Order* (EO) –

8. *Trump's $1 million immigration Gold Card starts taking applications* by Josephine Walker - https://www.axios.com/2025/12/10/trump-gold-card-applications-citizenship-immigration; et
What to know about Trump's $1 million 'Gold Card' visas by Bryan Metzger - https://www.businessinsider.com/trump-gold-platinum-card-corporate-immigration-visas-2025-12

c'est-à-dire un décret présidentiel - plutôt que par une loi adoptée par le Congrès.

En effet, selon **l'Article I, Section 8 de la Constitution**, le Congrès détient l'autorité exclusive pour établir des règles uniformes de naturalisation et réguler l'immigration. La jurisprudence est établie depuis des affaires telles que *Galvan v. Press* (1954), où la Cour suprême a affirmé que la formulation des politiques d'immigration est confiée au Congrès seul. Le rôle du président, limité par l'Article II, Section 3 (la clause « *Take Care* »), se cantonne à **l'exécution des lois existantes**, sans pouvoir créer de nouvelles catégories d'immigration ou modifier substantiellement les critères d'éligibilité sans base statutaire claire.

Or selon cette analyse, la *Gold Card* (EO 14351, émis le 19 septembre 2025), qui permet une résidence permanente accélérée en échange d'un don en argent est perçue comme une création *de facto* d'une nouvelle voie d'immigration basée sur la richesse, en dehors du cadre de l'*Immigration and Nationality Act* (INA). L'INA définit les catégories spécifiques des visas EB-1 (*extraordinary ability*) ou EB-2 (*national interest waiver*) sans inclure les dons financiers.

Bien sûr, le programme *Gold Card* rattache ces « dons » à des catégories existantes de l'INA (sections 203(b)(1)(A) et 203(b)(2)), mais sans autorisation explicite du Congrès.

S'agit-il d'une simple mesure d'exécution légale, auquel cas il n'y a pas de souci ? Ou d'une réinterprétation exécutive potentiellement illégale, en ce qu'elle outrepasserait l'autorité présidentielle en modifiant les critères méritocratiques pour y intégrer des éléments financiers ? Alors que des programmes comme l'EB-5 qui exigent des investissements créant des emplois, ont été eux explicitement autorisés par le Congrès.

Un autre aspect critique est le manque d'autorité statutaire sous-jacente. L'EO invoque des lois existantes comme le 15 USC 1522 pour traiter les contributions comme des « dons » au Trésor américain, mais cela est vu comme une manœuvre astucieuse (ou *"legerdemain"*) pour contourner le besoin d'une législation nouvelle, sans que l'INA ne prévoit explicitement une telle utilisation des fonds pour qualifier une pétition I-140G.

Potentiellement une violation de la doctrine de non-délégation, car le Président exercerait un pouvoir législatif réservé au Congrès, et pourrait contrevenir à l'*Administrative Procedure* Act (APA) en implémentant des changements substantiels sans procédure de *rulemaking* formelle (notice-and-comment), ce qui exposerait le programme à des annulations judiciaires pour procédure irrégulière.

Des précédents comme *Youngstown Sheet & Tube Co. v. Sawyer* (1952) classent de telles actions exécutives sans soutien congressionnel ou contre la volonté implicite du Congrès comme relevant du « *lowest ebb* » de l'autorité présidentielle, les rendant inconstitutionnelles.

De même, on peut citer *INS v. Chadha* (1983) qui a invalidé des mécanismes législatifs contournant le bicaméralisme et la présentation au président, et par extension, des EO unilatéraux créant des politiques immigratoires sont considérés comme inconstitutionnels pour les mêmes raisons.

Enfin, *Arizona v. United States* (2012) a réaffirmé que seul le Congrès fixe les règles substantielles d'immigration, invalidant les tentatives d'autres branches de gouvernement de créer des politiques hors INA.

Pourtant, il est toujours possible que la Cour suprême accepte le montage. Comment ? En se basant sur la doctrine énoncée dans sa décision de 1950 dans l'affaire Knauff concernant le pouvoir « inhérent » du pouvoir exécutif en matière d'immigration. C'est ce qu'ont envisagé les professeurs Cox et Rodriguez, le *« président disposerait d'un certain pouvoir d'agir dans le domaine de l'immigration sans l'autorisation du Congrès, et peut-être même malgré l'action du Congrès »*. Une telle interprétation permettrait de justifier le programme de *Gold Card* sur base d'un simple EO.

Cette critique de la *Gold Card* de Trump, telle que décrite dans l'analyse fournie, met en lumière un débat récurrent sur les limites du pouvoir exécutif en matière d'immigration aux États-Unis. Elle argue que *l*'Executive Order (EO) 14351 outrepasse l'autorité présidentielle en créant de facto une nouvelle voie d'immigration basée sur la richesse, sans approbation du Congrès, violant potentiellement l'Article I, Section 8 de la Constitution et des précédents comme Galvan v. Press (1954).

Pourtant ce n'est pas la première fois qu'un Président utilise cette voie. Pensons à des programmes comme *DACA (Deferred Action for Childhood Arrivals)* ou d'autres initiatives exécutives similaires (telles que *DAPA*, *TPS* étendu ou des programmes de parole humanitaire), il faut examiner les similitudes, les différences et le contexte juridique plus large.

Similitudes juridiques et structurelles

Pouvoir exécutif vs. Congrès :

Tant la *Gold Card* que DACA reposent sur des Ordres exécutifs (EO) pour modifier ou étendre les pratiques immigratoires sans nouvelle législation. DACA, créé par un mémorandum du DHS sous Obama en 2012, accorde une protection temporaire contre la déportation et des permis de travail à environ 800 000 « *Dreamers* » (les immigrants arrivés enfants). Comme pour la *Gold Card*, les critiques de DACA (notamment dans des affaires comme *Texas v. United States*,

2015 et 2021) affirment qu'il crée une catégorie d'immigration de facto, conférant des bénéfices (*work authorization*) sans base statutaire explicite dans l'INA.

La Cour d'appel du 5e circuit a jugé le programme DACA illégal en 2022, arguant qu'il outrepasse la discrétion exécutive et empiète sur le rôle exclusif du Congrès en naturalisation. De même, la *Gold Card* est vue comme une «réinterprétation» des catégories EB-1A (*extraordinary ability*) et EB-2 (*national interest waiver*) pour inclure des dons financiers comme preuve de mérite, sans amendement à l'INA – une manœuvre similaire à celle reprochée dans l'affaire DACA.

Invocation de lois existantes :

Les deux programmes se rattachent à des statuts préexistants pour justifier leur légalité :

- DACA s'appuie sur la discrétion procuratoriale (*prosecutorial discretion*) inhérente au rôle du président (Article II, Section 3 : « take care » clause) et des provisions comme l'INA § 274A(h)(3) pour les permis de travail.

- La *Gold Card* invoque l'INA §§ 203(b)(1)(A) et 203(b)(2), ainsi que 15 USC § 1522 pour traiter les dons comme contributions au Trésor, mais sans autorisation explicite pour les lier à l'éligibilité immigratoire.

Dans les deux cas, cela est perçu par les opposants comme un « *legerdemain* » (comprenez un tour de passe-passe) pour contourner le Congrès.

Défis judiciaires et incertitudes :

Les deux ont fait l'objet de contestations.

- DACA a survécu partiellement grâce à des décisions comme *DHS v. Regents of the University of California* (2020), dans laquelle la Cour suprême n'a pas invalidé le programme lui-même mais a bloqué sa résiliation par Trump pour des raisons procédurales.

- La *Gold Card* fait déjà face à des analyses critiques prédisant des poursuites similaires, potentiellement classées au « lowest ebb » du pouvoir présidentiel selon le cadre de *Youngstown Sheet & Tube Co. v. Sawyer* (1952), où l'exécutif agit contre la volonté implicite du Congrès. D'autres programmes *comme DAPA (Deferred Action for Parents of Americans,* bloqué en 2016 par la Cour suprême) montrent que de telles initiatives exécutives sont vulnérables si elles sont vues comme créant de nouveaux droits plutôt que d'exécuter les lois existantes.

Différences clés

Nature des bénéfices accordés :

DACA est une mesure temporaire et discrétionnaire : elle ne confère en réalité pas de statut permanent (pas de *green card* ni de chemin vers la citoyenneté), mais un simple sursis à la déportation et des avantages accessoires. Le programme est souvent défendu comme une simple priorisation des ressources d'exécution (*enforcement priorities*), alignée sur des pratiques historiques comme les *deferred actions* pour raisons humanitaires.

À l'inverse, la *Gold Card* mène à une résidence permanente accélérée (via *Form I-140G*), intégrant un critère financier nouveau dans des catégories méritocratiques existantes. Ce qui la rapproche plus d'une « création » de voie immigratoire, similaire à l'EB-5 mais sans ces garde-fous statutaires – d'où l'accusation d'illégalité plus marquée.

Fondements et objectifs :

DACA vise des motifs humanitaires (il s'agit de protéger des individus arrivés sur le territoire américain en état de minorité), ce qui s'inscrit dans une tradition de discrétion exécutive lorsqu'il s'agit de groupes vulnérables (pensons au *TPS*, qui est statutaire mais dont les désignations de pays bénéficiaires sont exécutives).

La *Gold Card*, quant à elle, est clairement économique : attirer des ultra-riches via des dons (1 million de dollars minimum), ce paiement étant traité comme preuves d' « *extraordinaire ability* » ou d'intérêt national.

On peut lui objecter des questions d'équité (pourquoi favoriser la richesse pure vs. Mérite ou investissement productif). On modifie substantiellement les critères d'éligibilité sans base claire, contrairement à des programmes comme l'EB-5 qui exigent un impact économique mesurable.

Contexte politique et judiciaire :

DACA a bénéficié d'un soutien bipartisan partiel et de délais judiciaires, mais reste précaire (la Cour suprême pourrait l'invalider définitivement).

La *Gold Card*, sous Trump, pourrait être défendue par des arguments de « *national interest* » en période de croissance économique, mais elle risque de se voir bloquée rapidement si des États ou ONG la contestent devant les Tribunaux (de manière similaire à ce qui se produisit dans le cas *United States v. Texas* pour DAPA).

D'autres exemples comme les expansions de parole sous Biden (pour Afghans ou Vénézuéliens) montrent que l'exécutif joue souvent avec les limites. Mais à des degrés variables de succès, selon l'alignement des mesures prises par l'exécutif avec les statuts déjà en place.

Une question de cohérence et d'interprétation

En fin de compte, ces programmes illustrent les tensions inhérentes au système immigratoire américain : le Congrès y est souvent paralysé (le sujet étant crispant, aucune réforme majeure de l'immigration n'a été adoptée depuis 1990), forçant les présidents à user de leur discrétion par *Executive Order*.

Si l'analyse critique la *Gold Card* comme une « *réinterprétation exécutive potentiellement illégale* », la même logique s'applique évidemment à *DACA* : les deux étirent de manière élastique l'autorité présidentielle au-delà d'une simple exécution, au risque d'empiéter sur la branche législative.

Politiquement, les critiques sont souvent partisanes – la gauche défendant *DACA* mais attaquant la *Gold Card*, et vice versa – mais juridiquement, les deux dépendent de l'interprétation des Cours et Tribunaux : ce qui est « exécution légale » pour l'un pourrait être « outrepassement » pour l'autre.

Pour une résolution durable, une législation congressionnelle serait idéale, comme pour l'EB-5. En attendant, ces initiatives exécutives persistent tant qu'elles ne sont pas invalidées, soulignant que le « problème » n'est pas unique au Président Trump, Biden ou Obama, mais structurel.

1.6. Différence entre ce programme Gold Card et ceux de pays offrant la nationalité par investissement

Le programme ne « vend » donc pas la citoyenneté immédiate, mais c'est vrai qu'en offrant une voie rapide à la résidence permanente, il permet la possibilité d'une naturalisation américaine ultérieure.

C'est ce qui le distingue fondamentalement des programmes de certains pays qui offrent directement la citoyenneté contre investissement.

On peut citer par exemple les pays suivants. Attention si ces programmes vous intéressent, leurs conditions peuvent avoir changé, je ne les cite qu'à titre d'exemples pour démontrer que l'idée de « vendre une nationalité » n'est pas si saugrenue et qu'elle est bien plus répandue qu'on ne le croit généralement.

L'Antigua-et-Barbuda propose un programme de **citoyenneté par investissement**[9] permettant d'obtenir un passeport en échange d'une contribution minimale de 230 000 USD au *Fonds national de développement* (non remboursable), ou d'un investissement immobilier de 300 000 USD (revendable après 5 ans), ou encore d'un investissement dans une entreprise locale de 1,5 million USD. Le processus dure environ 6 à 9 mois, inclut la famille (le conjoint et les enfants mineurs), et offre un accès sans visa à plus de 150 pays, dont l'espace Schengen et le Royaume-Uni. Parmi les conditions clés, il faut passer au moins 5 jours dans le pays dans les 5 premières années, subir une vérification approfondie des antécédents, et prouver la source des fonds ; il n'y a pas d'impôts sur le revenu mondial, les gains en capital ou l'héritage pour les non-résidents.

[9] https://www.residency-bond.eu/FR/antigua-and-barbuda-citizenship-FR.html

La Dominique[10] offre la citoyenneté via un don minimal de 200 000 USD au *Fonds de diversification économique* ou un achat immobilier de 200 000 USD (revendable après 3 à 5 ans). Le traitement prend 4 à 9 mois, permet d'inclure le conjoint et les dépendants, et donne accès sans visa à plus de 140 pays. Les exigences incluent une vérification de sécurité stricte, l'absence de résidence obligatoire, et aucun test de langue ou d'histoire ; le pays n'impose pas d'impôts sur le revenu étranger, les gains en capital ou l'héritage pour les non-résidents, ce qui rend ce programme attractif pour sa rapidité et sa discrétion.

La Grenade[11] accorde la citoyenneté contre un don non remboursable de 235 000 USD au *Fonds national de transformation* ou un investissement immobilier de 270 000 USD (revendable après 5 ans). Le délai de traitement est de 7 à 12 mois, avec inclusion de la famille (le conjoint et les enfants), et un passeport permettant des voyages sans visa dans plus de 140 pays, y compris la Chine et l'espace Schengen. Les conditions notables sont l'absence d'exigence de résidence minimale, une due diligence rigoureuse, et l'éligibilité à un visa E-2 pour les États-Unis ; il n'y a pas d'impôts sur le revenu mondial pour les non-résidents.

Saint-Kitts-et-Nevis[12] délivre un passeport via un don de 250 000 USD au *Fonds de croissance durable* ou un achat immobilier de 325 000 USD (revendable après 7 ans). Le processus s'étend sur 3 à 6 mois, couvre la famille, et offre un accès sans visa à 157 pays. Parmi les exigences, une vérification des antécédents est obligatoire, sans résidence requise ni impôts sur le revenu mondial, les gains en capital ou l'héritage ; ce

[10] https://www.dominicacitizenshipbyinvestment.com/fr/
[11] https://secondpassport.net/fr/citoyennete/grenade/
[12] https://fr.harveylawcorporation.com/saint-kitts-et-nevis-citoyennete/

programme est l'un des plus anciens et réputés pour sa confidentialité.

Sainte-Lucie[13] propose la citoyenneté pour un don minimal de 240 000 USD au *Fonds économique national*, un investissement immobilier de 300 000 USD, ou une entreprise de 1 million USD. Le traitement dure 6 à 15 mois, inclut conjoint et dépendants, et permet des voyages sans visa dans 147 pays. Les conditions incluent une due diligence approfondie, l'absence de visite obligatoire au pays, et aucun impôt sur le revenu étranger ou les gains en capital pour les non-résidents.

La Turquie[14] offre la citoyenneté contre un investissement immobilier de 400 000 USD (revendable après 3 ans), un dépôt bancaire de 500 000 USD, ou un investissement en obligations d'État. Le délai est de 3 à 8 mois, avec inclusion de la famille (conjoint et enfants mineurs), et un passeport donnant accès sans visa à plus de 120 pays. Les exigences clés sont une présence physique pour la soumission de la demande, une vérification de sécurité, et l'éligibilité à un visa C-2 Schengen ; le programme permet la double citoyenneté sans résidence obligatoire.

Vanuatu[15] accorde la citoyenneté via un don non remboursable de 130 000 USD ou un investissement en actions de 157 000 USD (revendable après 5 ans). Le processus prend 2 à 3 mois, inclut la famille, et offre un accès sans visa à 113 pays. Les conditions incluent une visite pour les biométriques (à Vanuatu ou dans certaines ambassades), une due diligence, et des exemptions fiscales pour les entreprises internationales ; aucun test de langue n'est requis, et la double citoyenneté est autorisée.

---

[13] https://fr.harveylawcorporation.com/citoyennete-de-sainte-lucie/

[14] https://fr.harveylawcorporation.com/citoyennete-turque-par-investissement/

[15] https://fr.harveylawcorporation.com/citoyennete-du-vanuatu/

L'Égypte[16] propose la citoyenneté pour un don de 250 000 USD, un achat immobilier de 300 000 USD (revendable après 5 ans), un investissement en entreprise de 350 000 USD, ou un dépôt bancaire de 500 000 USD (revendable après 3 ans). Le traitement dure 6 à 10 mois, avec possible inclusion de la famille, et un passeport pour des voyages dans certains pays. Les exigences sont une vérification des antécédents, l'absence de résidence obligatoire, et des exemptions fiscales dans les zones franches ; aucun examen sur la langue ou l'histoire n'est nécessaire.

La Jordanie[17] délivre un passeport contre un investissement en entreprise locale de 750 000 USD, un dépôt bancaire et obligations de 1 million USD, ou des actions en société de 1,5 million USD. Le délai est de 3 à 9 mois, incluant potentiellement la famille, avec accès sans visa à plus de 80 pays comme l'Australie et la Turquie. Les conditions clés sont une due diligence et une preuve de moyens financiers ; la double citoyenneté est permise sans résidence requise.

La Macédoine du Nord[18] offre la citoyenneté via un investissement de 200 000 EUR dans un fonds d'investissement (détenu 2 ans) ou 400 000 EUR dans une nouvelle entreprise créant 10 emplois. Le processus prend 5 mois à 2 ans, avec inclusion de la famille, et un passeport permettant l'accès sans visa à l'espace Schengen. Aucune résidence minimale ni test de langue n'est exigée, mais une vérification de sécurité est obligatoire ; le programme a fait l'objet de critiques de l'UE.

Nauru[19] propose la citoyenneté pour un don de 105 000 USD au *Fonds du Trésor pour la résilience économique et climatique*. Le traitement dure 3 à 6 mois, inclut la famille (y compris couples de même sexe et apatrides sur cas par cas), et

---

[16] https://csglobalpartners.com/fr/egypte/
[17] https://www.belalgarve.com/fr/citoyennete-jordanienne-par-investissement/
[18] https://www.citizenshipinvest.com/fr/programs/north-macedonia-citizenship/
[19] https://www.goldenvisas.com/nauru

offre un accès sans visa à 89 pays comme le Royaume-Uni et Singapour. Les conditions sont l'absence de résidence obligatoire, une due diligence, et la double citoyenneté autorisée ; ce programme a été lancé en 2024.

São Tomé-et-Principe[20] accorde la citoyenneté contre un don minimal de 90 000 USD au *Fonds national de transformation*. Le délai est de 2 à 3 mois, avec inclusion de la famille, et un passeport pour 61 pays. Lancé en 2025, ce programme requiert une vérification des antécédents, sans résidence ni tests supplémentaires, et permet la double citoyenneté, en faisant l'une des options les plus accessibles.

Le Cambodge offre la citoyenneté via un don de 245 000 USD au gouvernement royal ou un investissement de 305 000 USD dans un projet approuvé. Le processus prend 3 à 4 mois, inclut la famille, et donne accès sans visa à 53 pays. Les exigences incluent une due diligence, sans résidence obligatoire, mais avec des avantages fiscaux limités ; la mobilité globale est moindre comparée aux autres programmes.

Je pense la démonstration faite : vendre une nationalité n'est pas chose si rare. Et qui plus est, l'Amérique ne le fait pas. Il suffit de lire le texte du décret exécutif du Président Trump établissant le programme pour s'en rendre compte. Vous en trouverez en annexe I de ce livre la traduction.

Ce décret présidentiel sera-t-il doublé d'une législation en bonne et due forme, soumise au Congrès, et dont le vote résoudrait définitivement les trois risques légaux évoqués ci-dessus (les Juges, l'annulation par le Président suivant, des considérations de favoritisme) ? À l'heure actuelle, rien ne le laisse présager.

En effet, début 2026, **il n'existe aucune annonce officielle ni projet de loi déposé au Congrès** pour codifier

[20] https://www.citizenshipinvest.com/fr/programs/saotomeandprincipe/

la *Gold Card* en législation permanente et la couler dans le marbre.

Le programme repose donc entièrement sur cet EO, qui enjoint aux Secrétaires au Commerce, Howard Lutnick, à la Sécurité intérieure et d'État de l'implémenter via des catégories existantes (EB-1A/EB-2 NIW), en traitant les contributions comme des « dons » au Trésor.

L'administration Trump maintient que le mécanisme est légal sans qu'il soit besoin d'adopter de nouvelle loi, puisqu'il s'appuie sur des interprétations de lois existantes (comme 15 U.S.C. 1522 pour les dons ou *gifts*).

Des discussions ont eu lieu mais rien de concret n'en est sorti.

Au printemps 2025 (mars-avril), on trouve des mentions isolées de discussions informelles :

- Le sénateur républicain John Cornyn (Texas) avait indiqué travailler avec Howard Lutnick sur une possible «*companion legislation* » pour donner une force légale au programme (alors encore annoncé à 5 millions).
- Certains Républicains avaient évoqué l'idée d'utiliser les revenus potentiels pour financer des baisses d'impôts ou réduire la dette via un processus budgétaire (*reconciliation*).

Cependant, ces discussions semblent n'avoir abouti à rien : aucun projet de loi (*bill)* n'a été introduit à la Chambre ou au Sénat, et aucune recherche sur congress.gov ou les sites officiels ne révèle de projet de loi lié à la « *Gold Card* », « *Trump Card* » ou un programme similaire d'immigration par don financier.

Pourquoi pas de législation pour l'instant ?

D'abord, parce que l'administration avance à pleine vitesse avec l'EO (site *trumpcard.gov* lancé, applications ouvertes, ventes revendiquées), en pariant sur sa légalité pour générer des revenus rapides. Le *modus operandi* : les résultats parleraient d'eux-mêmes et, devant le succès du programme, il ne viendrait plus à l'idée à personne de le contester.

Ensuite parce que le Congrès où les Républicains ne disposent que de majorités étroites tant à la Chambre qu'au Sénat et que le Congrès a d'autres chats à fouetter (la défense, le budget, les soins de santé), et que codifier un programme controversé, critiqué comme « une *vente de green cards* », ce serait risquer des débats internes avec le très probable éclatement de la majorité - tiraillée entre les zéro-immigration et les pragmatiques - et les défis judiciaires qui s'en suivraient.

Enfin, il est important de souligner les mots « *pour l'instant* ». Car il sera sans doute indispensable d'amener la discussion au Congrès si le Président Trump veut une extension du programme pour sa « *Platinum Card* » (avec un don de 5 millions, et une résidence temporaire sans taxes sur revenus étrangers). Le Secrétaire au Commerce Lutnick a lui-même publiquement admis qu'une telle extension nécessiterait une approbation du Congrès parce qu'elle entraînerait des changements fiscaux et en matière d'immigration.

En résumé, rien n'est prévu publiquement pour transformer la *Gold Card* en loi du Congrès **à ce stade**.

Le programme reste donc vulnérable à une révocation par un futur président ou à une invalidation judiciaire, précisément parce qu'il n'est pas inscrit dans le marbre.

Les avocats d'immigration recommandent donc la prudence aux candidats potentiels et ils ont raison d'être prudents. **La Gold Card est sans doute le produit idéal pour ceux qui sont pressés mais qui, s'ils ne l'étaient pas, auraient de toute façon remplis les critères des visas sur lesquels le programme repose. Ou à ceux qui ont un projet qu'ils brûlent d'entamer sans délai. Ceux pour lesquels le temps est de l'argent.**

Le lancement officiel du programme a eu lieu le 10 décembre 2025, avec l'ouverture des candidatures via le portail fédéral *trumpcard.gov.*

Selon le President Trump, ce programme permettra d'injecter beaucoup d'argent dans l'économie américaine. Pas seulement à cause du prix d'entrée d'1 million de dollars, mais surtout parce que les nouveaux arrivants seront des immigrants riches. Ils vont évidemment dépenser, notamment pour se loger, se meubler, investir, créer des entreprises, payer des impôts et créer des emplois.

Pourtant, il peut paraître paradoxal de promouvoir un produit visant à l'immigration dans un contexte de restrictions immigratoires plus strictes, incluant des augmentations de frais pour les visas H-1B, des déportations massives et une pause sur les demandes d'asile et des TPS.

Mais l'exposé des motifs du décret présidentiel explique parfaitement en quoi les deux mouvements sont intrinsèquement liés.

Et puis, il ne s'agit pas de millions de pauvres hères – comme ce fut le cas des immigrants franchissant la frontière pour la période Biden – mais de quelques dizaines de milliers d'opulents immigrants.

Initialement, 80 000 cartes sont prévues pour être distribuées, elles ciblent principalement des oligarques russes, les riches asiatiques et autres étrangers fortunés. Le programme est géré par le Département du Commerce (qui collectera les fonds), en coordination avec le Département d'État et le Département de la Sécurité Intérieure.

Selon les déclarations officielles du gouvernement américain, au 19-20 décembre 2025, les ventes du **Trump Gold Card** ont d'ores et déjà généré environ **1,3 milliard de dollars** en revenus. Cela a été annoncé par le secrétaire au Commerce Howard Lutnick et fut confirmé par le président Trump lors d'événements à la Maison Blanche.

Étant donné que la contribution principale pour une Gold Card individuelle est de **1 million de dollars** (plus des variantes *corporate* à 2 millions), on peut estimer que cela correspond approximativement à **1 300 cartes vendues** (ou un mélange incluant des cartes plus chères).

Comme le programme n'a été lancé officiellement que début décembre 2025, avec les candidatures ouvertes le 10 décembre via trumpcard.gov, ces ventes représentent les résultats de la seule première quinzaine.

Il faut néanmoins rester prudent car actuellement aucune statistique plus précise ou mise à jour n'a été publiée par le gouvernement ou l'USCIS à ce jour, ces chiffres proviennent des déclarations de l'administration Trump. Et le site officiel n'affiche pas de compteur public de ventes.

Chapitre 2 : Critères d'Éligibilité

2.1. Les deux catégories utilisées : EB-1A (« visa Einstein ») et EB-2NIW

D'après le site officiel *trumpcard.gov*, les critères pour la *Trump Gold Card* sont les suivants :

- Être éligible à la **résidence permanente légale** (*lawful permanent resident status*) aux États-Unis.
- Être **admissible** aux États-Unis (il faut qu'il n'y ait pas de motifs d'inadmissibilité, comme des antécédents criminels graves par exemple).
- Un **visa immigrant** doit être disponible au moment de l'adjudication (il est donc sujet aux quotas annuels par pays et catégorie, ce qui est le plus embêtant en fait).

Le programme s'appuie sur des catégories déjà existantes **EB-1A** (capacités extraordinaires) ou **EB-2 NIW** (dérogation d'intérêt national). Il faut donc rentrer dans une de ses deux catégories. Et casser sa tire-lire en prime.

2.2. Conditions générales d'admissibilité

Quels sont ces programmes ?

EB-1A (*Employment-Based First Preference* pour les personnes d'extraordinary ability) est exactement ce qu'on appelle vulgairement le « *visa Einstein* ». Ce surnom lui vient du fait que cette catégorie d'immigration vise les individus au sommet absolu de leur domaine qu'il s'agisse de sciences, d'arts, de l'éducation, d'affaires ou de sport, avec une reconnaissance nationale ou internationale, un peu comme Albert Einstein l'était en physique. Bien que le terme ne soit pas officiel puisque l'USCIS parle simplement d'«*alien with extraordinary ability* » , il est très largement utilisé dans les médias, les sites spécialisés en immigration et même sur *Wikipedia* pour désigner spécifiquement cette sous-catégorie EB-1A de la *Green Card.*

En réalité, peu importe votre domaine d'excellence, puisqu'un coiffeur de stars peu l'obtenir. Ses détracteurs se gaussent parfois que Melanie Trump l'ait obtenu mais sa carrière le justifiait parfaitement. Il faut mais il suffit de remplir au moins 3 critères sur les 10 établis par la loi pour l'obtenir.

À noter que la catégorie plus large EB-1 inclut aussi l'EB-1B (professeurs/chercheurs exceptionnels) et l'EB-1C (cadres multinationaux), mais c'est bien l'EB-1A qui porte ce surnom populaire, car elle permet une auto-pétition sans offre d'emploi ni certification de travail, et cible les « génies » ou les talents exceptionnels. Et c'est bien l'EB- 1A qui permet *la Gold Card.*

EB-2 NIW (*Employment-Based Second Preference avec* ***National Interest Waiver****, ou « dispense d'intérêt national »*) est une catégorie de Green Card pour les professionnels qualifiés dont le travail est considéré comme bénéfique pour les intérêts nationaux des États-Unis.

Contrairement à l'EB-1A (le « visa Einstein »), qui cible les individus au sommet absolu de leur domaine avec une reconnaissance internationale exceptionnelle, l'EB-2 NIW est un petit peu plus accessible : il met l'accent sur l'**impact potentiel de votre projet ou travail futur** aux États-Unis, plutôt que sur votre renommée personnelle ou vos accomplissements passés. Bref, il parie sur l'avenir, au lieu de faire le bilan du passé. C'est donc vraisemblablement dans cette catégorie qu'on retrouvera le plus de demandes *de Gold Card.*

Pour vous qualifier, vous devez remplir les critères de base de la catégorie **EB-2** :

- Soit un **diplôme avancé** (master, doctorat ou équivalent étranger, ou bachelor + 5 ans d'expérience progressive dans le domaine),
- Soit une **capacité exceptionnelle** (*exceptional ability*) dans les sciences, arts ou affaires, prouvée en satisfaisant au moins 3 des 6 critères réglementaires (par exemple : diplômes, 10 ans d'expérience, salaire élevé, memberships professionnels, reconnaissance par pairs, etc.).

Ensuite, vous demandez un **waiver** (une dispense) de l'offre d'emploi permanente et de la certification de travail (PERM, qui teste le marché du travail américain). Cela vous permet une **auto-pétition** (c'est-à-dire que vous déposez vous-même le formulaire Form I-140, sans sponsor employeur).

Le cadre d'évaluation du waiver est défini par la décision de référence *Matter of Dhanasar* (2016), toujours en vigueur en 2025 (avec des clarifications USCIS en janvier 2025).

Il repose sur trois critères à démontrer :

1. **Mérite substantiel et importance nationale** : Votre projet proposé (*endeavor*) doit avoir une valeur intrinsèque importante (par exemple en science, technologie, santé, éducation, entrepreneuriat, environnement) et un impact potentiel à l'échelle nationale (pas forcément géographique partout, mais avec des implications plus larges, comme des avancées en STEM, création d'emplois significatifs, ou bénéfices économiques/sociaux).
2. **Vous êtes bien positionné pour avancer ce projet** : Il faut des preuves de vos qualifications (votre éducation,

votre expérience, un plan d'affaires, des progrès déjà réalisés, des lettres de soutien d'experts, des publications, des citations, des financements, etc.). L'USCIS regarde la totalité des preuves, comme un tout, sans critère unique obligatoire.

3. **Il est dans l'intérêt des États-Unis de dispenser l'offre d'emploi** : En balance, votre contribution justifie de sauter la PERM, car elle apporte plus de bénéfices que d'attendre un processus standard (par exemple, une urgence, un impact économique supérieur, ou une expertise rare).

Comparé à l'EB-1A :

- L'EB-2 NIW est souvent plus facile à obtenir pour des profils solides mais qui ne se situent pas « au top mondial » (moins besoin de prix majeurs ou *acclaim sustained*).
- Priorité plus basse (EB-2 vs EB-1), il y a donc des b*acklogs* (dossiers en arriérés) plus longs pour certains pays (comme Inde/Chine).
- Mais un *premium processing* est disponible (il vous assure une décision en 45 jours moyennant le paiement d'un frais majoré).

Ce visa est populaire pour les chercheurs, entrepreneurs, ingénieurs en tech/STEM, médecins, etc., surtout depuis les mises à jour 2025 qui priorisent les domaines d'intérêt national tout en exigeant des preuves plus précises et liées au projet.

Des experts conseillent souvent de tenter les deux (EB-1A et EB-2 NIW) en parallèle si le profil le permet.

2.3. Le rôle de la contribution financière comme preuve supplémentaire

En résumé, pour être éligible à la *Trump Gold Card,* les candidats doivent donc démontrer un « bénéfice substantiel » pour les États-Unis, c'est le « don » en se qualifiant sous une des catégories existantes comme l'**EB-1A** (*alien with extraordinary ability* - capacités extraordinaires) ou l'**EB-2 NIW** (dérogation d'intérêt national).

La cible privilégiée est donc celle des professionnels de haut niveau, des entrepreneurs et des investisseurs capables de contribuer économiquement a l'avenir des Etats-Unis.

Néanmoins si vous êtes une personne qui réunit déjà tous les critères pour vous qualifier clairement et solidement pour un **EB-1A** (le fameux « visa Einstein »), payer 1 million de dollars pour vous et 1 million supplémentaire pour chacun de vos dépendants (plus 15 000 $ de frais pour déposer le dossier) via la Gold Card n'a **aucun sens logique ni financier**.

Reprenons le cas de Nicki Minaj – bien qu'elle n'en ait pas besoin. Une personnalité comparable n'aura pas besoin de sortir un million de dollars, sauf à vouloir expédier son dossier en quelques semaines. Prouver son *extraordinary ability* avec des preuves solides (des prix majeurs, de nombreuses publications, des lettres d'experts, une reconnaissance internationale, etc.) suffit amplement, sans qu'il soit besoin de démontrer une réussite financière massive.

Alors pourquoi s'enquiquiner à aller prouver 10-20 ans d'expérience et perdre des sommes folles, d'autant que le EB-1A classique est un processus relativement rapide (surtout avec *premium processing* à 15 jours pour l'I-140).

Rappelons que la *Gold Card,* lancée mi-décembre 2025 via l'Executive Order 14351, ne crée pas une nouvelle catégorie indépendante : elle s'appuie sur les cadres existants **EB-**

1A ou **EB-2 NIW**, en traitant la « contribution » (gift non remboursable) comme une preuve supplémentaire d'*exceptional ability*, de succès entrepreneurial ou d'*impact national*. Mais les instructions USCIS et les analyses d'avocats d'immigration confirment que, pour le surplus, **les critères statutaires de base de ces visas restent obligatoires** – le million ne remplace pas tout.

2.4. Qui est réellement visé par le programme ?

Pourquoi certains candidats pourraient quand même envisager de passer par la *Gold Card* ?

- **Si le profil est borderline ou faible sur les mérites traditionnels** : Si votre dossier EB-1A est limite (vous avez peu de prix majeurs, votre succès est modéré, vous n'avez pas de publications massives), ou si votre EB-2 NIW repose sur un projet futur incertain, la contribution financière est présentée comme une preuve forte de « succès entrepreneurial » ou de « bénéfice national substantiel ». Cela pourrait convaincre un officier USCIS, là où un dossier classique risquerait un RFE (demande de preuves supplémentaires) ou s'exposerait à un refus.
- **Si le critère vitesse promise dans le traitement du dossier est essentiel (mais pas garantie)** : Le site officiel (trumpcard.gov) et les annonces parlent de traitement « en semaines » ou « en un temps record» après paiement et vérification des antécédents initial. En comparaison, un EB-1A standard avec *premium processing* prend 15 jours calendrier pour l'I-140. Mais sans premium : il peut prendre plusieurs mois. Cependant, la *Gold Card* utilise un nouveau formulaire, Form I-140G, avec de vérification des antécédents préalable (source des fonds, sécurité nationale), et reste soumise aux quotas visa EB-1/EB-2 – donc ce ne sera pas forcément plus rapide une

fois en file d'attente, surtout pour les pays à arriérés de dossiers (backlogs notammant pour l'Inde et la Chine).

- **Pour les ultra-riches qui veulent une « assurance »** : Certains individus à hauts revenus voient cela comme un « fast-track payant » qui leur évite tout risque de refus sur les mérites, même si leur dossier est solide. C'est cher, mais pour un milliardaire, un million de dollars c'est négligeable s'il s'agit de gagner en temps ou en certitude.
- **Dans le cas corporate** : Une entreprise peut payer 2 millions pour sponsoriser un employé clé (talent tech, executive, etc.), en contournant partiellement les preuves classiques.

En résumé, pour un vrai profil EB-1A fort, c'est du « bazar » inutile et excessivement cher : vous obtiendriez la *Green Card* de toute façon via la voie standard, souvent plus vite et sans perdre 1 million et devoir raconter votre vie. Pour les EB-1A un peu faible, les EB-2NIW ou les « *corporate* », on peut comprendre l'attrait du nouveau mécanisme.

En quelques mots, la *Gold Card* cible plutôt :

- Ceux qui ne qualifient pas pleinement sur mérites seuls (mais qui ont de l'argent) en EB-1A,
- Ou les cas EB-2 NIW plus modestes, où prouver l'impact national est parfois plus subjectif.

C'est pourquoi il semble que beaucoup d'avocats d'immigration déconseillent la *Gold Card* aux profils qualifiés classiques, en raison du coût, du risque légal, et du fait que les fonds sont non remboursables même en cas de refus final.

Si votre dossier est solide, votre avocat vous conseillera sans doute de rester sur la voie traditionnelle.

2.5. Détail de la contribution financière

Parlons maintenant de la **contribution financière** (appelée « gift » et qui est donc décrite comme un don non remboursable) : elle sert de preuve principale d'un « bénéfice substantiel » pour les États-Unis.

Voici les exigences financières :

- Les frais de traitement initiaux : **15 000 dollars** (non remboursables, payés au DHS par employé/candidat).
- La Contribution principale (après approbation des vérifications de fond) :
  - **1 million de dollars** pour un individu.
  - **2 millions de dollars** pour une entreprise parrainant un employé (*Trump Corporate Gold Card*).
- Pour les membres de famille (conjoint et enfants de moins de 21 ans) : Des frais et contributions supplémentaires peuvent s'appliquer (jusqu'à 1 million par personne selon certaines clarifications).

D'autres exigences :

- Il faut faire la preuve de l'origine légale des fonds via un rapport détaillé sur la source des actifs.
- Il y aura des vérifications de sécurité et de fond approfondies[21]. Il faut ajouter une documentation exhaustive : 20 ans d'historique d'emploi, des détails sur le parcours académique, et des relevés bancaires des 5

[21] Le Secrétaire Lutnick sur Fox News - https://www.youtube.com/watch?v=GRY9-vS7D8Y à partir de la minute 1 :39. Le plus rigoureux examen des antécédents dit-il.

dernières années. Enfin, il y a des vérifications de fond pour la sécurité publique et nationale.

Le programme cible les personnes apportant un « bénéfice substantiel » (entrepreneurs, investisseurs fortunés). Il est ouvert aux étrangers fortunés, y compris ceux de pays sous restrictions, mais tous les candidats sont soumis à un examen strict.

Quant à la version **Platinum Card** (à 5 millions de dollars), elle reste annoncée comme arrivant bientôt « *coming soon* », elle permettra jusqu'à 270 jours aux USA sans taxation sur revenus étrangers, mais sans résidence permanente.

Le site insiste sur un traitement accéléré ("*in record time*"), mais n'oublions pas que l'examen du dossier reste soumis aux lois immigratoires existantes.

Chapitre 3 : Processus de Candidature

3.1. Inscription et paiement des frais initiaux

Le processus est relativement simple mais rigoureux, divisé en étapes :

1. **La soumission initiale** : il faut vous inscrire préalablement via trumpcard.gov en cliquant sur le bouton « *Apply now* ». Trois options s'offrent alors à vous

Individual Trump Gold Card **Individual** Trump Platinum Card - Coming Soon **Corporate** Trump Corporate Gold Card

Seules deux sont effectivement disponibles.

Lorsque vous choisissez votre option, s'ouvre un formulaire d'une seule page assez simple où vous renseignez les informations de base, votre identité, votre adresse, votre A-*number* (votre numéro d'étranger qui vous suivra tout au long de votre parcours administratif) si vous en avez un et le nombre de personnes composant votre ménage. Dans le bas de la page, apparaît le bouton « *continue to payment* ».

Il faut maintenant payer les frais de traitement de **15 000 dollars** (par carte de crédit ou débit ACH). Évidemment,

ils ne sont pas remboursables, peu importe que votre demande soit éligible ou pas.

Attention, cette étape d'inscription et de paiement sur **trumpcard.gov** est un préalable obligatoire.

3.2. Soumission du formulaire I-140G

L'USCIS vous contactera lorsqu'il sera temps de créer ou de vous connecter à votre compte **en ligne** USCIS pour remplir ce fameux formulaire I-140G.

Vous ne pourrez en effet remplir le formulaire pour votre demande (formulaire I-140G) qu'après avoir enregistré vos informations sur **trumpcard.gov** et qu'une fois que vous aurez reçu une confirmation que votre demande préalable a été

3.3. Examen par l'USCIS : Vérifications de sécurité et d'origine des fonds

Une fois votre formulaire rentré avec l'ensemble des documents justificatifs, l'administration procédera à la vérification des documents, à des contrôles de fond, et l'évaluation des exigences. Cela peut prendre du temps, bien que le programme promette un traitement accéléré.

3.4. Paiement du « don »

Le paiement de la contribution : Une fois votre pétition approuvée, il vous faudra verser la somme requise – 1 million de dollars par bénéficiaire - par virement bancaire international.

3.5. La délivrance de la carte

La *Gold Card* est émise, valable dans tous les États et territoires américains.

Au risque de me répéter, il est fortement recommandé de consulter un avocat spécialisé, car remplir la pétition peut nécessiter de nombreuses heures de travail juridique. Et à ce prix-là, autant ne pas se tromper ! Qui plus est, des problèmes techniques ont été signalés lors du lancement du site, et même s'ils ont entre-temps été résolus, un professionnel est le seul à même de contacter utilement l'administration en cas de « bug ».

Chapitre 4 : Frais et Coûts

4.1. Contribution principale (individuelle et Corporate)

Les frais sont élevés, reflétant le ciblage des candidats fortunés :

- **Les frais de traitement** : 15 000 dollars non remboursables par candidat.
- **La contribution principale** :
  - Gold Card individuelle : 1 million de dollars.
  - Corporate Gold Card : 2 millions de dollars par employé, plus 1 % de frais annuels de maintenance et 5 % pour les transferts.

Ces fonds sont déposés dans un fonds du Trésor à l'effet de promouvoir le commerce et l'industrie américaine.

4.2. Frais additionnels

- Les frais additionnels : Basés sur les circonstances, payés au Département d'État.

4.3. Carte platinum

Platinum Card (programme non encore ouvert): 5 millions de dollars pour des exemptions fiscales limitées.

Chapitre 5 : Avantages

La *Trump Gold Card* promet plusieurs bénéfices attractifs.

5.1 Résidence permanente accélérée, voie vers la citoyenneté

- **Une résidence illimitée** : en ce, elle est équivalente à une Green Card classique d'une durée de dix ans, offrant un chemin vers la citoyenneté après cinq ans de résidence continue et ininterrompue.

5.2 Avantages économiques et fiscaux

- **Un processus accéléré** : il serait plus rapide que les catégories traditionnelles, sans obligation d'investir dans des projets spécifiques.
- **Des avantages fiscaux spécifiques** : Pour la *Platinum Card*, jusqu'à 270 jours aux États-Unis sans taxation sur les revenus étrangers. Attention, cette option n'est pas encore disponible en décembre 2025.

5.3 Atouts pour les entreprises et les talents

- **Pour les entreprises** : la possibilité de transférer des droits de résidence à des employés, aidant à retenir les talents.
- **Économiques** : Les candidats contribuent directement à l'économie via leurs dépenses et créations d'emplois.

Trump décrit donc la *Gold Card* comme une « aubaine » pour ceux qui peuvent se le permettre.

Chapitre 6 : Critiques et Réponses

Certains objectent que les risques légaux de la *Gold Card* restent multiples et significatifs, rendant le programme instable.

Ils sont de trois ordres.

6.1 <u>Les débats sur la légalité et le pouvoir exécutif</u>

D'abord, la possibilité de recours judiciaires de la part d'organisations comme l'ACLU, d'États démocrates, ou d'immigrants qui s'estimeraient affectés ; la base, arguer d'un outrepassement exécutif et demander des injonctions temporaires pour suspendre l'EO.

Cela s'est produit contre d'autres actions du Président Trump (par exemple, concernant les *Travel bans* ou la résiliation de *DACA*, qui ont été partiellement invalidées).

Ces défis pourraient aboutir à des retards dans la délivrance de ces Gold Card, voire à une invalidation complète par les tribunaux.

Une telle situation exposerait les demandeurs à des pertes irrécupérables, car les contributions sont non remboursables et acceptées avant l'approbation finale, sans mécanismes d'*escrow* ou de remboursement en cas d'échec ou de révocation.

De plus, le programme puise dans des quotas limités d'EB-1/EB-2, potentiellement aggravant potentiellement les retards dans le traitement des dossiers (appelés *backlogs*) pour d'autres candidats, ce qui pourrait générer des litiges supplémentaires pour discrimination ou violation de l'égalité de traitement.

Ensuite, la volatilité politique : ce qu'un Président fait pourrait être défait par un autre. Comme Trump le fit pour les ordres de Biden, comme Biden le fit pour les ordres de Trump, ouvrant la frontière en une signature, le futur occupant de la Maison Blanche pourrait révoquer l'EO du Président Trump d'un trait de plume, laissant ses bénéficiaires en limbo, avec des *Gold Cards* potentiellement révoquées ou des processus interrompus.

Enfin, en ajoutant des critères drastiques comme l'obligation de communiquer un curriculum sur 20 ans ou une provenance des fonds exempte de tout vice, tout en expédiant le processus, l'administration se met en danger et s'expose à la critique : demander davantage de renseignements tout en s'engageant à les examiner de manière approfondie en un temps record risque de gripper le système.

L'examen sera-t-il vraiment approfondi s'il est expédié ? On imagine déjà aisément les accusations de fraude ou de corruption, peu importe qu'elles soient réelles ou fantasmées.

Ces risques rendent la *Gold Card* précaire. Il est donc compréhensible que certains experts en immigration conseillent la prudence à leurs clients, arguant qu'il existe des programmes législatifs stables comme l'EB-5. Ou qu'un EB-1A, pour une personnalité qui serait vraiment extraordinaire et pourrait facilement le prouver, ne requiert aucun apport financier.

6.2 L'accusation de « vente de la citoyenneté »

L'autre accusation – et qui vient plutôt de la droite – est que le Président Donald J. Trump serait en train de brader la nationalité américaine, le bien le plus précieux.

Mais non, la *Gold Card* ne vend pas un passeport, contrairement de ce qui se fait dans certains pays (cfr supra). Elle accorde simplement une **résidence permanente** (équivalente à une carte verte, mais accélérée, via un classement EB-1 ou EB-2), ce qui permet de vivre et travailler aux États-Unis d'Amérique après un processus de vérification des antécédents stricts et le paiement de la fameuse contribution financière (rappelons qu'il s'agit d'1 million de dollars pour un individu, plus frais).

Cependant, il est vrai que, comme toute *Green Card* classique, cette carte ouvre un **chemin vers la citoyenneté** : ses titulaires deviendront généralement éligibles à la naturalisation après cinq ans de résidence continue. Un récipiendaire de 2026 deviendra vraisemblablement un citoyen américain en 2031.

Mais il ne leur sera pas offert de passe-droit, il faudra toujours qu'ils remplissent les autres conditions. Il s'agira donc de montrer patte blanche et de passer leur examen de citoyenneté, de prêter leur serment d'allégeance, etc. comme tout le monde.

Pour le Secrétaire au Commerce Howard Lutnick, la chose est certaine : la carte Gold attirera « ***les meilleurs et les plus brillants*** ». Alors que, simultanément, le Président Trump restreint simultanément l'immigration en provenance de ce qu'il a appelle les «***pays de merde***» en interdisant l'entrée sur le territoire américain aux ressortissants de nombreuses nations.

Trump **a déclaré que le programme** rapporterait « *probablement des milliards de dollars qui iront au Trésor américain, sur un compte qui nous permettra de faire des choses positives pour le pays* ». « *Les entreprises vont être très heureuses* », a-t-il ajouté, citant le PDG d'Apple, Tim Cook, comme l'un des éminents chefs d'entreprise qui auraient fait pression sur lui pour qu'il mette en place ce programme. « *Je sais qu'Apple va être heureux* », **a déclaré** Trump. « *Personne ne m'en a parlé plus que Tim Cook. Il a dit que c'était un vrai problème, et que cela ne serait plus un problème désormais.* »

6.3 Risques judiciaires, politiques et pratiques

Évidemment, les détracteurs de la politique d'immigration du Président Trump ont fait des gorges chaudes à l'annonce du lancement de la nouvelle carte Gold.

Un favoritisme envers les riches :

L'administration Trump est critiquée par les Démocrates en ce qu'elle privilégie les plus fortunés au détriment des immigrants modestes, ce qui serait contraire à l'esprit qui a présidé à la fondation du pays.

Ron Filipowski, rédacteur en chef du média progressiste *Meidas Touch*, **a publié sur X** : « *Venez acheter votre entrée en Amérique avec votre nouvelle carte Trump Gold, proposée par les escrocs qui vendent l'Amérique au plus offrant et détruisent l'économie.* »

Jon Favreau, animateur de « *Pod Save America* » et ancien rédacteur de discours du Président Barack Obama, **a déclaré** que l'administration Trump « *ne se soucie que des riches. C'est tout.* » « *Sous Trump, les États-Unis sont officiellement devenus une république bananière. Bravo à tous* », ont **posté sur X** *les*

Républicains contre Trump (qui ne seraient pas républicains du tout).

Tamie Wilson, stratège démocrate et ancienne candidate au Sénat américain de l'Ohio, s'est exclamée « *vous plaisantez ? !* » toujours sur X. « *Ces gens ont officiellement perdu la tête* », a déclaré **Wilson.** « *Trump se comporte comme s'il était le PROPRIÉTAIRE des États-Unis, comme si la citoyenneté était un programme de fidélité hôtelier qu'il peut distribuer si vous achetez suffisamment de produits dérivés.* »

CNBC dit que payer 1 million de dollars dénature les visas EB-1A et EB-2[22].

Je ne reviendrai pas ici en long et en large sur les critiques visant la légalité du procédé, et que j'ai développées par ailleurs dans ce livre, qu'il me soit permis de les résumer en quelques lignes :

- **Un problème de légalité** : Des doutes sur l'autorité présidentielle sans approbation du Congrès, pouvant potentiellement mener à des décisions judiciaires ou annulations.
- **Des risques** : Pas de garantie de remboursement si le programme est invalidé ; des préoccupations sur l'attraction d'oligarques controversés.
- **Une implémentation** encore un peu floue: les détails sont encore en évolution, avec des *backlogs* possibles dus aux limitations par pays.

Mais en réalité, tant qu'une évaluation n'est pas possible, les critiques formulées restent de principe.

[22] https://www.cnbc.com/2025/12/19/trump-gold-card-wealth-immigration-questions.html

Le *New York Times* choisit ainsi de rester ainsi très factuel quand il décrit le programme[23].

6.4. Réponses de l'administration Trump

Face à ces critiques, l'administration Trump argue que sa *Gold Card* présente plus d'avantages que d'inconvénients. Les principaux avantages pour les États-Unis, basés sur les déclarations officielles et analyses économiques, sont:

- **Des revenus directs pour le gouvernement fédéral**

Les contributions (décrites comme des « dons » ou « gifts ») vont aller directement au Trésor américain. Avec un prix de base à 1 million de dollars par carte, et des estimations de ventes potentielles à des milliers ou millions d'unités, cela pourrait générer des milliards, 80 000 *Gold Cards* à 1 million de dollars, c'est 80 milliards potentiels par an. Ces fonds serviront à réduire la dette nationale ou financer des priorités gouvernementales. Sans qu'il soit besoin de ponctionner le contribuable américain !

- **Une attraction de talents et d'entrepreneurs hautement qualifies**

Le programme ne cible que des individus riches et productifs (ce seront souvent des entrepreneurs ou investisseurs). Il va aussi aider les grandes entreprises américaines (comme Apple ou d'autres tech giants) à recruter des talents étrangers diplômés d'universités US (MIT, Harvard, etc.), en offrant une voie rapide à une résidence permanente. Cela favorise l'innovation et la compétitivité économique. Le Président Trump a plus d'une fois regretté qu'on laisse repartir tous ces talents formés dans les meilleures universités américaines.

23 https://www.nytimes.com/2025/12/10/us/politics/trump-gold-card.html

- **Une stimulation économique indirecte**

On attend des titulaires de *Gold Card*, par définition fortunés, qu'ils dépenseront sans compter aux États-Unis et dans tous les secteurs marchands (puisqu'il leur faudra de l'immobilier, des services, ils vont consommer, engager du personnel pour leurs entreprises ou leur maison). Beaucoup créeront ou étendront leurs entreprises au territoire américain, générant des emplois et des impôts supplémentaires (puisqu'ils paieront des taxes sur leurs revenus US).

- **Le processus est simplifié et rapide**

Contrairement à l'ancien programme EB-5 (qui exigeait des investissements créant des emplois et était critiqué pour ses fraudes cfr la partie du chapitre 7 relative à ce programme), la *Gold Card* est plus directe et rapide (on promet un traitement en semaines). Elle va drainer vers les États-Unis des « *world-class global citizens* » tout en s'assurant strictement qu'ils soient irréprochables pour la sécurité nationale.

Chapitre 6 : Comparaison avec d'Autres Programmes

7.1 EB-1A standard vs EB-1A via Gold Card

L'EB-1A (*Extraordinary Ability*) est la catégorie de *Green Card* destinée aux personnes démontrant une capacité extraordinaire dans les sciences, arts, éducation, affaires ou athlétisme, avec une renommée nationale/internationale soutenue.

Elle permet l'auto-pétition (pas besoin d'employeur).

La *Gold Card* (lancé en décembre 2025 via décret exécutif) n'est pas une catégorie séparée, mais un processus accéléré utilisant les voies EB-1A ou EB-2 NIW. Elle implique un « don » (*gift*) de 1 million $ (individuel) ou 2 millions $ (*corporate*), traité comme une preuve de bénéfice national ou d'**exceptional ability**.

Cependant, les candidats doivent toujours se qualifier sous les critères EB-1A standards ; **le don aide mais il ne garantit pas à lui seul l'approbation**.

Voici un tableau comparatif :

Critère	EB-1A standard (sans Gold Card)	EB-1A via Gold Card
Critères d'éligibilité	Doit rencontrer au moins 3 des 10 critères USCIS (prix majeurs, memberships, publications, contributions originales, haut salaire, etc.) + preuve d'acclaim soutenu et bénéfice prospectif aux USA.	Même critères EB-1A obligatoires + don de 1M$ considéré comme preuve supplémentaire (ex. : succès business ou bénéfice national). Ne remplace pas les exigences de base. +1 million
Coût financier	Frais USCIS (~700$ I-140 + ~1 225$ I-485) + frais avocat (10-20k$ typique). Pas d'investissement requis.	+1 million (don non remboursable au Trésor) + 15 000 frais DHS non remboursables par personne. Total beaucoup plus élevé.
Délai de traitement	6-18 mois (premium processing : 15 jours pour I-140). Backlogs possibles pour certains pays (Inde/Chine).	Promis "en temps record" (semaines/mois, expedited). Mais soumis aux mêmes quotas/visas availability EB-1.

Processus	Form I-140 standard, puis I-485 (adjustment) ou consular processing. Vetting sécurité standard.	Intake DHS, vetting renforcé, paiement don via Commerce Dept., certification, puis Form I-140G spécial (EB-1A ou NIW).
Preuve de fonds	Pas requis spécifiquement (sauf admissibilité générale).	Preuve stricte de source légale des fonds pour le don.
Famille	Inclus (conjoint/enfants <21) avec même pétition.	Inclus, mais frais/don potentiellement par personne.
Voie vers citoyenneté	Oui, après 5 ans de résidence permanente.	Identique.
Stabilité légale	Programme établi par loi du Congrès, stable.	Basé sur décret exécutif : risques de challenges judiciaires, modifications ou annulation.

Les avantages de l'EB-1A via Gold Card (par rapport au standard)

- Une accélération : le traitement est expédié, potentiellement beaucoup plus rapide.
- Une preuve facilitée : Le don de 1 million de dollars sert d'évidence forte pour démontrer le succès *business/exceptional ability* ou le bénéfice national, aidant les candidats borderline ou en affaires.
- Une priorité potentielle : *Vetting* et *processing* dédiés, moins de délais administratifs standards.

Un peu, pour ceux qui connaissent les autoroutes américaines, le même principe que l'*express line*.

Les inconvénients de l'EB-1A via Gold Card (par rapport au standard)

- Un coût prohibitif : +1million de dollars perdus définitivement (puisqu'il s'agit d'un don au gouvernement et qu'un don n'est pas remboursable), et il faut y ajouter des frais élevés – ce qui en fait un programme réservé aux ultra-riches.
- Il n'y a pas de garantie : le candidat doit toujours prouver les critères EB-1A ; le don n'est qu'une preuve supplémentaire, pas un bypass.
- Des Incertitudes : c'est un programme nouveau, avec des contestations légales possibles ; il est soumis aux quotas EB-1 (*backlogs* pour Inde/Chine).
- Des critiques : il est vu comme un « achat » de green card, distordant l'esprit basé sur le mérite de l'EB-1A.

Les avantages de l'EB-1A standard

- C'est beaucoup moins cher et donc parfaitement accessible aux vrais talents sans immense fortune.
- C'est plus stable et prévisible (le programme est historique).

- Aucun don n'est requis ; le focus est purement sur les accomplissements.

Les inconvénients de l'EB-1A standard

- Les délais sont plus longs.
- C'est finalement plus compétitif : il faut vraiment être le meilleur dans sa catégorie sans coup de pouce financier.

En résumé, l'EB-1A standard reste idéale pour les talents extraordinaires authentiques. Pas besoin de dépenser pour prouver votre valeur.

L'utilisation de la *Gold Card*, c'est une option pour les millionnaires pressés, ceux qui acceptent les risques et que les coûts énormes n'effraient pas. Consultez un avocat d'immigration spécialisé, car le programme évolue rapidement (lancé mi-décembre 2025).

7.2 EB-2 NIW standard vs EB-2 NIW via Gold Card

L'EB-2 NIW (National Interest Waiver) est une catégorie de *Green Card* pour les personnes possédant un diplôme avancé (ou équivalent) et une capacité exceptionnelle, dont le travail est dans l'intérêt national des États-Unis (*waiver* de l'offre d'emploi et de la certification PERM). Elle permet l'auto-pétition.

La *Gold Card* est un processus accéléré utilisant les catégories EB-1A ou EB-2 NIW. Il implique un « don » (gift) non remboursable de 1 million de dollars (individuel) ou 2 millions de dollars (*corporate*), traité comme preuve forte de bénéfice national. Mais les candidats doivent toujours se qualifier sous les critères EB-2 NIW de base ; le don renforce le dossier (notamment le "*national benefit*") mais ne garantit pas seul l'approbation.

Voici un tableau comparatif :

Critère	EB-2 NIW standard (sans Gold Card)	EB-2 NIW via Gold Card
Critères d'éligibilité	Doit prouver : diplôme avancé/capacité exceptionnelle + 3 prongs Dhanasar (mérite substantiel, importance nationale, waiver justifié). Preuves : publications,	Même critères EB-2 NIW obligatoires + don de 1M$ considéré comme preuve forte de "national benefit" et capacité exceptionnelle. Aide les cas borderline (ex. : entrepreneurs).

	citations, impact, etc.	
Coût financier	Frais USCIS (~700$ I-140 + ~1 225$ I-485) + avocat (10-30k$ typique). Pas d'investissement requis.	don non remboursable au Département du Commerce) + 15 000 frais DHS/USCIS par personne. Total prohibitif.
Délai de traitement	12-24 mois (premium processing : 15-45 jours pour I-140). Backlogs pour Inde/Chine (années).	Expedited (semaines/mois promis après vetting). Mais soumis aux quotas EB-2 et Visa Bulletin.
Processus	Form I-140 standard, preuves détaillées, puis I-485 ou consular processing. Vetting standard.	Intake via trumpcard.gov/DHS, vetting renforcé (source fonds), paiement don, certification Commerce, puis Form I-140G spécial (NIW).
Preuve de fonds	Pas requis spécifiquement (sauf légalité générale).	Preuve stricte et approfondie de source légale des fonds (anti-blanchiment).
Famille	Inclus (conjoint/enfants <21) avec même pétition.	Inclus, mais frais/don potentiellement par personne.

Voie vers citoyenneté	Oui, après 5 ans de résidence permanente.	Identique.
Stabilité légale	Programme établi par loi du Congrès, stable et prévisible.	Basé sur décret exécutif : risques élevés de challenges judiciaires, modifications ou annulation. Programme très récent et controversé.

Les avantages de l'EB-2 NIW via Gold Card (par rapport au standard)

- Une accélération majeure : le traitement est prioritaire, ce qui est idéal en cas d'urgence.
- Une preuve facilitée : Le don sert d'argument puissant pour démontrer le « bénéfice national » et capacité exceptionnelle, boostant les dossiers faibles en preuves traditionnelles (ex. : le succès du business via richesse).
- *Vetting* dédié : il y a un processus structuré avec certification du Département du Commerce.

Les inconvénients de l'EB-2 NIW via Gold Card (par rapport au standard)

- Son coût exorbitant : 1 million de dollars perdus définitivement, ce qui le réserve aux ultra-riches.
- Pas de garantie : il faut toujours satisfaire aux critères NIW ; USCIS reste évidemment discrétionnaire, et un refus est toujours possible après paiement.

- Des risques légaux : Que le programme soit contesté (vu comme un « achat » de green card), potentiel de backlogs EB-2, et une instabilité politique.
- Des critiques éthiques : cela tort l'esprit basé sur le mérite du NIW.

Les avantages de l'EB-2 NIW standard

- C'est beaucoup plus accessible et abordable, basé purement sur les mérites professionnels/scientifiques.
- C'est plus stable, historique long, et les approbations sont prévisibles pour les cas solides (surtout STEM).
- Il n'y a pas de don requis ; le focus est mis sur l'impact réel du candidat et de son projet.

Les inconvénients de l'EB-2 NIW standard

- Des délais longs et des *backlogs* (surtout Inde/Chine).
- C'est plus exigeant en preuves ; les taux d'approbation sont variables (en baisse en 2025 pour non-STEM).

En résumé, l'EB-2 NIW standard convient aux professionnels qualifiés sur base du mérite. Passer par la *Gold Card*, c'est une voie ultra-rapide pour millionnaires, mais elle reste risquée et coûteuse.

7.3 Gold Card vs EB-5 (Investisseur)

Par rapport à l'EB-5 (investissement de 800 000 à 1,05 million de dollars dans des projets créant des emplois), la *Gold Card* est plus directe, sans exigence de projets spécifiques, mais elle est plus coûteuse et il n'y a pas de création d'emplois obligatoire.

Un petit retour en arrière s'impose : le programme **EB-5** (*Immigrant Investor Program*) a été créé en 1990 pour stimuler l'économie américaine par le biais d'investissements étrangers créant des emplois.

Rappelons que le visa EB-5 exige des candidats qu'ils réalisent un investissement de plus d'1 million de dollars (ou 800 000 dollars dans les zones rurales) qui soit susceptible de créer ou de préserver dix emplois permanents à temps plein pour des travailleurs américains qualifiés.

Le programme *Gold Card* pourrait d'ailleurs compromettre le programme EB-5 et les investissements qu'il attire. Au lieu de demander la résidence permanente par le biais du programme EB-5, les investisseurs étrangers fortunés pourraient opter pour la voie plus simple offerte par la Gold Card. On paie, c'est tout, il n'y a pas à se prendre la tête avec la gestion d'un investissement qui s'avère quand même souvent a fonds perdus. Petite parenthèse, la *Gold Card* était – quand elle a été annoncée début 2025 – destinée à remplacer EB-5, même si finalement ce ne fut pas le cas.

Car EB-5 avait fait l'objet de nombreuses critiques au fil des ans. Ces critiques portaient sur des aspects éthiques, sécuritaires, économiques et administratifs.

Voici les principales raisons, basées sur des analyses historiques et récentes (jusqu'en 2025) :

1. **Perception de « vente de citoyenneté » ou « achat de green cards »**

Même critique en fait que pour la *Gold Card*. Le programme EB-5 est souvent accusé d'offrir une voie privilégiée à la résidence permanente (et potentiellement à la citoyenneté) aux riches étrangers, en échange d'un investissement (800 000 $ en zones ciblées ou 1,05 million $ ailleurs).

C'est une source d'inégalité, où la richesse prime sur les mérites, et c'est vu comme une « vente de citoyenneté ». Des sénateurs comme Dianne Feinstein et Chuck Grassley l'ont qualifié de « *flawed* » car « *U.S. citizenship is for sale* ».

2. De la fraude et des abus

De nombreux scandales ont éclaté :

Des fraudes par des *regional centers* (intermédiaires) : avec des détournements de fonds, de fausses promesses de retours ou de visas garantis. Exemples : affaires impliquant des millions détournés (ex. : 50 millions $ volés à des investisseurs chinois), projets fictifs, ou remboursements illégaux de fonds.

L'un des scandales les plus notables est l'affaire **Jay Peak** (Vermont, révélée en 2016). Les développeurs Ariel Quiros et Bill Stenger ont collecté plus de 350 millions de dollars auprès de 836 investisseurs étrangers (principalement via EB-5) pour des projets de station de ski et un centre biomédical (AnC Bio Vermont).

Plus de 200 millions de dollars ont été détournés dans un schéma de type Ponzi: les fonds ont été utilisés pour des achats personnels (des maisons de luxe, des voitures), et un projet (AnC Bio) était totalement fictif.

La SEC a porté 52 chefs d'accusation ; l'État du Vermont a manqué à son devoir de surveillance, et des investisseurs ont perdu leur argent et risqué leur statut.

Autre exemple : **California Investment Immigration Fund (CIIF)** (dans les années 2010). Un père et sa fille ont détourné environ 50 millions de dollars à plus de 100 investisseurs chinois, remboursant illicitement des fonds ou les utilisant pour des biens personnels. Certains investisseurs (dont des fugitifs chinois) ont obtenu des *green cards* sans création d'emplois réels.

En résumé, une vulnérabilité accrue du programme due à un manque de surveillance initial, exposant les investisseurs (souvent chinois) à des pertes, et permettant le blanchiment d'argent.

3. Des risques pour la sécurité nationale

Une Infiltration par des acteurs malveillants : des liens avec des espions chinois/iraniens, des fugitifs internationaux utilisant de faux documents.

Une dominance chinoise effective : 80-84 % des visas ont été alloués à des Chinois entre 2012 et 2018, avec des préoccupations sur l'influence du Parti communiste chinois. Par exemple, dans l'affaire CIIF que j'ai mentionnée ci-dessus, des investisseurs étaient sur des listes de fugitifs chinois accusés de corruption.

Le Sénateur Chuck Grassley a souligné que le manque de *vetting* initial permettait à des individus liés à des gouvernements étrangers (Chine, Iran) ou à du blanchiment d'entrer aux USA : le programme est « *riddled with corruption and national security vulnerabilities* ».

4. Un détournement de l'objectif initial

D'abord parce que les zones d'emploi prioritaire *Targeted Employment Areas (TEA)* ont été manipulées : ainsi des zones riches (par exemple : Manhattan) ont été qualifiées comme « à fort taux de chômage » par le biais d'un redécoupage électoral (*gerrymandering*), favorisant des projets luxueux (comme des hôtels ou des immeubles résidentiels) plutôt que des zones vraiment défavorisées.

On peut citer le projet **Hudson Yards** à New York (un développement luxueux de milliards de dollars). Il avait obtenu le statut TEA (l'investissement n'était que de 500 000 $ à l'époque) en reliant des zones riches de Manhattan à des zones distantes à fort taux de chômage. Cette manipulation a permis de financer des immeubles résidentiels et centres commerciaux de luxe, au détriment de zones vraiment défavorisées – ce qui était totalement contraire à l'esprit du programme.

Ces cas (et d'autres comme *Path America* ou *San Francisco Regional Center*) sont à l'origine du *Reform and Integrity Act de 2022*, qui a renforcé les audits et la surveillance du programme. Mais les critiques ont persisté sur son efficacité réelle.

Ces exemples démontrent comment le programme, malgré ses bénéfices économiques, s'est révélé vulnérable à des abus graves.

Ensuite, il y a eu peu d'emplois directs créés : la plupart l'ont été par *Regional centers* comptant des emplois indirects, critiqués comme gonflés ou difficilement vérifiables.

Enfin, les montants d'investissement n'avaient pas été ajustés à l'inflation jusqu'aux réformes récentes.

5. Un manque de transparence et de surveillance

Avant la *Reform and Integrity Act de 2022*, le contrôle par USCIS était insuffisant, et ne fournissait que des données limitées sur l'impact réel de ce programme en termes d'emplois, et de croissance.

Même après cette réforme de 2022 qui renforçait l'intégrité, mettait en place des audits, etc., les critiques ont persiste. Simplement, elles portaient à présent sur d'autres questions : les délais, les arriérés, et des plaintes d'investisseurs (par exemple à propos de refus prétendument injustifiés).

Malgré ces critiques, les défenseurs du programme EB-5 en soulignent les bénéfices : des milliards ont été investis, des dizaines de milliers d'emplois créés, et, ajoutent-ils les réformes apportées en 2022, en ont amélioré l'intégrité.

En 2025, le programme reste actif (soulignons qu'il a été réautorisé jusqu'en 2027), mais il reste menacé par des propositions de remplacement comme la *Gold Card*.

Les controverses qui le touchent reflètent un débat plus large sur l'immigration par investissement. Il est certain que si la *Gold Card* venait à faire l'objet d'une législation en bonne et due forme au Congrès, celui-ci en profiterait pour mettre à plat le programme EB-5.

Voici un tableau comparatif des avantages et inconvénients :

Critère	**Gold Card (2025)**	**EB-5 (2025)**
Montant requis	1 million (Individuel, non remboursable "don" au gouvernement) + 15 000 Frais DHS. 2 millions Pour sponsoring corporate.	800 000 $ (zones ciblées TEA) ou 1,05 million $ (standard). Investissem ent remboursable (potentiellement).

	 Version Platinum à 5 millions (Avec avantages fiscaux potentiels).	
Nature de la contribution	Don pur (gift) au Trésor US, sans retour.	Investissement dans un projet commercial (souvent via Regional Center), avec potentiel de retour.
Exigences supplémentaires	Aucune création d'emplois. Vetting de sécurité.	Création d'au moins 10 emplois pleine temps pour Américains. Preuve de fonds légaux.
Délai de traitement	Promis "en temps record" (6-9 mois estimés, expedited).	Long (souvent plusieurs années : approbation projet, backlogs pour certains pays comme Inde/Chine).
Famille	Inclus (conjoint et enfants <21), mais coût par personne (1M$ chacun potentiellement). Ex : une famille de 4 personnes = 4 millions	Inclus pour toute la famille avec un seul investissement.

Voie vers la citoyenneté	Oui, après 5 ans de résidence.	Oui, après 5 ans
Avantages fiscaux	Potentiels (ex. : exemption taxes sur revenus étrangers pour <270 jours/an dans version Platinum).	Avantages possibles (ex. : planification successorale, mais taxation mondiale comme résident).
Stabilité légale	Basé sur décret exécutif : risque de contestations judiciaires ou annulation future.	Base légale solide (loi du Congrès, réautorisé jusqu'en 2027).
Impact économique	Revenu direct pour le gouvernement (pas d'emplois garantis).	Création d'emplois et stimulation économique réelle.

Les inconvénients de la Gold Card par rapport à l'EB-5

- Le coût est plus élevé pour les familles (un paiement par personne vs. Un seul investissement pour EB-5).
- L'argent est perdu définitivement (le don est non remboursable).
- L'incertitude légale demeure forte : le processus peut être challengé en justice ou modifié/annulé.
- C'est moins contributif à l'économie réelle (critiqué comme « achat » de *green card*).
- La taxation est potentiellement mondiale sans exemptions claires (sauf Platinum).

Les avantages de l'EB-5 par rapport à la Gold Card

- C'est moins cher (surtout en TEA à 800k$ pour toute la famille).
- L'investissement est potentiellement rentable et remboursable.
- Le programme est établi, prévisible, avec historique de succès.
- Il y a un bénéfice économique direct (des emplois sont créés).

Les inconvénients de l'EB-5 par rapport à la Gold Card

- C'est plus long et complexe (risque projet, audits, délais).
- Il y a des Backlogs pour certains pays.
- Un risque de perte si projet échoue.

En résumé, la **Gold Card** convient aux millionnaires cherchant une voie ultra-rapide et sans prise de tête, malgré les risques légaux.

L'**EB-5** reste plus accessible, économique et stable pour les investisseurs voulant un retour potentiel et souhaitant contribuer à l'économie américaine.

Choisir l'un plutôt que l'autre dépend de votre profil (votre patrimoine, le degré d'urgence, votre tolérance au risque). C'est pourquoi il faut toujours consulter un avocat en immigration pour des conseils personnalisés, d'autant que les détails évoluent rapidement.

On pourrait dire que la Trump Gold Card ressemble finalement davantage aux programmes « golden visa » en Europe, mais adaptée au contexte américain.

7.4 Gold Card et visas H-1B

Enfin, la *Gold Card* est en mettre en parallèle avec les récents débats sur le *H1-B*. La polémique a commencé fin 2024, mais elle a veritablement explosé en janvier 2025, créant une vraie fracture au sein du camp républicain et de la base Trump.

Fin 2024 : Elon Musk et Vivek Ramaswamy sont nommés codirigeants du "*Department of Government Efficiency*" (DOGE), et défendent publiquement les visas H-1B arguant qu'ils sont indispensables pour attirer des talents étrangers dans la tech.

Musk a qualifié les opposants de « *fools* » et « *retards* », et a menacé d'aller en guerre pour défendre le programme, arguant que les Américains manquaient de compétences pour les jobs high-tech. Ramaswamy a ajouté que la culture américaine « *vénérait la médiocrité* » et célébrait trop les victoires moyennes, insinuant que les travailleurs étrangers, comprenez les Asiatiques, étaient plus compétitifs.

Leur prise de position a provoqué un *backlash* massif de la base MAGA, qui voyait ça comme une trahison de l' « *America First* »" - des figures comme Steve Bannon, Laura Loomer et d'autres nationalistes ont accusé Musk et Ramaswamy de privilégier les intérêts des Big Tech au détriment des travailleurs américains. Des sondages montraient que la majorité des Américains désapprouvaient le programme H-1B, vu comme « injuste » pour les locaux.

Trump, qui avait critiqué les H-1B en 2016 (en disant qu'ils étaient « *unfair* » et qu'il ne devrait pas pouvoir les utiliser lui-même pour ses entreprises), a d'abord semblé hésiter.

Mais en décembre 2024/janvier 2025, le President Trump semblait prendre le parti de Musk, affirmant qu'il soutenait les H-1B pour l'immigration qualifiée légale. Il a ainsi déclaré: "*I've always liked the [H-1B] people, I've always liked the people, my people are great... We need smart people coming into our country.* »

Ça a surpris et énervé sa base, qui craignait une dilution de l'agenda anti-immigration.

Les critiques venaient de la droite de Trump, mais aussi de la gauche radicale : Bernie Sanders, par exemple, accusait le programme de permettre de sous-payer les étrangers (souvent indiens) au détriment des Américains.

Trump a risqué des critiques internes, mais il a insisté sur le besoin d'une « immigration qualifiée » pour booster l'économie, aligné avec ses alliés tech.

La tension a culminé avec l'éviction de Ramaswamy de DOGE en janvier 2025. Apparemment due à ses commentaires controversés sur les H-1B – je rappelle qu'il avait dit que les Américains devaient changer de mentalité lorsqu'il s'agissait de travailler dur. Je soupçonne Ramaswamy d'avoir voulu rester suffisamment « vierge », en se mettant en retrait d'un DOGE qu'on accusait de tous les maux de la terre, pour son nouvel objectif politique majeur : devenir gouverneur de l'Ohio.

Musk est encore resté quelque temps. Mais les débats internes ont continué de plus belle, il s'agissait des réformes plus strictes pour les H-1B, comme de vérifications d'antécédents plus dures et de hausses de salaires minimaux.

DOGE - sous Musk - s'opposait à limiter les visas.

Mais finalement, sous la pression de sa base, Trump a poussé en faveur des changements demandés. Le H-1B serait conserve mais les conditions en deviendraient drastiques. Ainsi les frais H-1B sont passés à 100 000 $ en septembre 2025, rendant le programme pratiquement inaccessible a beaucoup d'employeurs. Sur ce point, la division de MAGA était actée : entre les alliés de la tech d'une part vs. Base populiste.

En résumé, Trump a dans un premier temps assure son soutien à l'immigration qualifiée, au risque d'aliéner sa base, sans doute pour ne pas perdre des alliés comme Musk. Avant de pivoter vers un H-1B plus restrictif. Ce qui a entrainé des débats persistants tout au long de 2025. Et ce n'est pas fini en 2026, avec des journalistes indépendants qui traquent les bénéficiaires de ces H-1B dans les rues américaines pour dénoncer les abus.

La Gold Card comme alternative ?

Avec les H-1B dans le « collimateur » (puisque le President Trump a augmenté les frais à 100 000 $ annuels via un *Executive Order* en septembre 2025, ce qui a « tué » le programme pour beaucoup, et que la pression de la base s'est muée en une chasse à la fraude menée par les journalistes indépendants), la *Gold Card* émerge comme une potentielle alternative pour les immigrants qualifiés et fortunés.

Pourrait-elle être la solution ? Oui, potentiellement, pour une niche d'immigrants qualifiés :

Ses Avantages : Contrairement aux H-1B qui sont temporaires, liés à un employeur, et maintenant chers, la *Gold Card* donne une résidence permanente directe, sans devoir dépendre d'une entreprise. C'est idéal pour des entrepreneurs ou talents tech qui peuvent payer les talents qu'ils embauchent (ex. : ceux visés par Musk). Elle s'aligne sur l'idée du President Trump d'une immigration « qualifiée » mais « payante », et elle évite les abus des H-1B (bas salaires, *indentured labor*) dénoncés par les journalistes indépendants.

Bien sûr, les critiques diront que c'est une façon de monétiser l'immigration pour les riches, mais la *Gold Card* pourrait attirer des « top talents » sans diluer le marché du travail.

Ses limites : C'est élitiste – pas accessible à tous les H-1B (qui sont souvent des ingénieurs indiens ou chinois, pas forcément millionnaires). Et ça reste controversé tant à droite par la base MAGA qu'à gauche.

En bref, la Gold Card semble conçue comme un « *upgrade* » pour l'immigration qualifiée sous Trump, surtout avec les H-1B aujourd'hui en position de faiblsse.

Mais la *Gold Card* n'est pas une solution universelle – puisqu'elle s'adresse davantage aux élites qu'a la masse des travailleurs qualifiés.

7.5 Comparaison internationale : la Gold Card face aux Golden Visas européens

La *Trump Gold Card*, lancée en décembre 2025 par l'administration américaine, est parfois comparée aux programmes de « golden visa » européens, qui permettent d'obtenir une résidence - voire parfois une citoyenneté - en échange d'un investissement.

La *Gold Card* ressemble certes aux golden visas européens par son objectif d'attirer des investisseurs fortunés. Cependant, elle s'en distingue par son modèle de « don » non remboursable plutôt que d'investissement récupérable, et par son adaptation au contexte américain (un accès à la résidence permanente sans retour financier).

Voici une analyse détaillée, basée sur des données actualisées à fin 2025. J'ai structuré cela en similitudes, différences, et un tableau comparatif des principaux programmes. Les informations proviennent de sources fiables sur les programmes européens et les comparaisons directes avec la *Gold Card*.

Similitudes

- **Un objectif principal** : Tous ces programmes visent à attirer des capitaux étrangers et des individus à haute valeur nette pour stimuler l'économie. Ils offrent un chemin accéléré vers la résidence (et souvent la citoyenneté) sans passer par les voies d'immigration traditionnelles basées sur l'emploi ou la famille.
- **Les avantages pour les familles** : La plupart incluent le conjoint et les enfants mineurs dans la demande, avec des frais supplémentaires modérés.

- **Des vérifications strictes** : Tous impliquent des contrôles d'antécédents, de source des fonds, et d'admissibilité (pas de casier judiciaire grave).
- **Un chemin vers la citoyenneté** : Généralement après 5 ans de résidence, avec des exigences comme un séjour minimal et des tests de langue/culture.
- **Une évolution récente vers un durcissement des règles** : En 2025, l'Europe durcit ses règles (par exemple, Portugal a supprimé l'option immobilière pour éviter la spéculation), tandis que les États-Unis introduisent la *Gold Card* comme une alternative "élitiste" pour générer des revenus directs.

Différences

- **Le modèle financier** : Les golden visas européens reposent souvent sur des investissements récupérables (immobilier, fonds, obligations) avec un potentiel de rendement, tandis que la *Gold Card* est un « don » pur et non remboursable au gouvernement américain, sans retour sur investissement. Cela rend la Gold Card plus coûteuse net (1 million USD sans récupération) comparé aux seuils européens (souvent 250k-500k EUR avec revente possible).
- **Les coûts et l'accessibilité** : Les programmes européens ont des seuils plus bas (dès 250k EUR en Grèce ou Hongrie), rendant l'Europe plus accessible. La Gold Card cible les ultra-riches avec son million de dollars, et inclut une version "corporate" à 2 millions pour les entreprises.
- **Les bénéfices géopolitiques** : En Europe, la résidence donne accès au territoire dit de Schengen (voyages sans visa dans 27 pays EU), et potentiellement à la citoyenneté EU pour une mobilité accrue. Aux États-

Unis, c'est une *green card* offrant un accès au marché américain, à la protection diplomatique US, et à des opportunités économiques mondiales, mais sans l'équivalent d'un « passeport EU ».

- **Le temps de traitement et les exigences** : La *Gold Card* promet un traitement « en temps record » (quelques semaines), sans obligation de création d'emplois ou de séjour prolongé initial. Les programmes européens varient (6-12 mois), avec des exigences comme un séjour minimal annuel (par exemple, 7 jours en Portugal) et parfois des investissements spécifiques pour l'économie locale.
- **Les controverses et la stabilité** : La *Gold Card* est critiquée pour son élitisme et sa légalité (elle est basée sur un décret exécutif, risque d'annulation judiciaire), tandis que les programmes européens font face à des réformes anti-spéculation (par exemple, la fin du programme chypriote en 2020, des restrictions en Espagne et Portugal en 2023-2025). En 2025, l'Europe tend à resserrer les vis, rendant la *Gold Card* une alternative "plus simple" mais plus chère pour certains investisseurs.

La *Trump Gold Card*, avec son seuil minimal de 1 million de dollars pour un individu ou 2 millions pour une version *corporate*, repose sur un don non remboursable directement au gouvernement américain. Ce modèle financier pur, sans retour sur investissement ni obligation de création d'emplois, la distingue nettement des programmes européens, qui privilégient souvent des investissements récupérables comme l'immobilier ou des fonds, avec un potentiel de rendement.

Le traitement des demandes est promis en quelques semaines seulement, grâce à un processus accéléré, et il n'y a pas d'exigence de séjour minimal initial, offrant une grande flexibilité. En contrepartie, elle délivre une *Green Card* donnant accès au vaste marché américain, avec un chemin vers la citoyenneté après cinq ans de résidence, mais sans les avantages géopolitiques d'une mobilité étendue en Europe.

Le programme portugais Golden Visa, par exemple, exige environ 525 000 dollars (500 000 euros) investis dans des fonds d'investissement, la culture ou la science – l'option immobilière ayant été supprimée pour limiter la spéculation. Le délai de traitement oscille entre six et neuf mois, et les bénéficiaires obtiennent une résidence européenne avec libre circulation dans l'espace Schengen. Un séjour minimal très léger (sept jours par an) est requis, et la citoyenneté portugaise devient accessible après cinq ans, accompagnée d'un test de langue basique. Cela en fait une option plus accessible financièrement et potentiellement rentable pour ceux qui cherchent une porte d'entrée vers l'Union européenne.

En Grèce, le Golden Visa reste centré sur l'immobilier, avec un seuil variant de 262 000 à 840 000 dollars selon les zones (plus élevé dans les régions populaires). Le traitement prend généralement six à douze mois, et l'investissement peut être revendu après cinq ans, offrant un retour possible. Comme au Portugal, il confère une résidence européenne et un accès à Schengen, avec un chemin vers la citoyenneté après sept ans et peu d'exigences de présence physique stricte.

L'Espagne propose un seuil similaire d'environ 525 000 dollars, principalement via l'immobilier, les obligations d'État ou des fonds. Le délai est d'environ six mois, avec une exigence minimale d'une visite par an. La résidence donne accès à Schengen, mais la citoyenneté espagnole n'est obtenable qu'après dix ans, et des restrictions croissantes sur l'immobilier ont été introduites ces dernières années.

La Hongrie, qui a relancé son programme en 2024, offre l'un des seuils les plus bas : autour de 262 000 dollars pour des fonds immobiliers ou 525 000 pour de l'immobilier direct. Le traitement dure environ six mois, sans séjour minimal obligatoire, et mène à une résidence européenne avec accès Schengen, la citoyenneté étant possible après dix ans.

Enfin, **l'Italie** propose des options variées, de 262 000 à 2,1 millions de dollars, orientées vers l'innovation, les start-ups, les obligations ou des dons philanthropiques, avec des avantages fiscaux attractifs. Le délai est rapide (trois à six mois), et la citoyenneté arrive après dix ans, avec un séjour minimal requis.

Conclusion et Recommandations de la comparaison

Globalement, les *golden visas* européens sont plus attractifs pour les investisseurs à la recherche d'un retour financier et d'une mobilité en Europe à moindre coût, tandis que la *Trump Gold Card* convient mieux à ceux qui veulent donner priorité à un accès rapide au statut américain, en dépit de son coût net plus élevé et de son absence de rendement.

En 2025, avec les restrictions européennes croissantes, la *Gold Card* pourrait gagner en popularité auprès des ultra-riches, mais ses risques légaux (examinés ci-avant) la rendent plus incertaine. Si vous envisagez une candidature, consultez un avocat spécialisé en immigration pour évaluer votre situation personnelle.

Conclusion

La *Trump Gold Card* incarne une audacieuse métamorphose de la politique immigratoire américaine, privilégiant l'élite économique tout en enrichissant les coffres de l'État par des contributions substantielles. Pour ceux qui envisagent d'emprunter cette voie, il est impératif de recourir aux conseils d'un avocat spécialisé en immigration, et de se préparer à un don irrévocable d'un million de dollars – une somme à fonds perdus, mais sans doute gage d'un accès accéléré à la résidence permanente.

Ce programme, né d'un décret présidentiel, pourrait redessiner les contours de l'immigration aux États-Unis, mais son destin reste suspendu aux aléas des contestations judiciaires et aux caprices de la politique. Des experts en la matière soulignent en effet sa dissonance avec les mesures restrictives adoptées sous l'administration Trump à l'égard des voies familiales et humanitaires, risquant d'alimenter, aux yeux du monde, l'image d'une Amérique qui n'ouvre ses portes qu'aux plus fortunés.

Pourtant, dans les cercles de la gestion de patrimoine du Golfe, on observe une effervescence notable : les demandes émanant de familles aisées du Moyen-Orient et d'Asie se multiplient, en quête d'un refuge alternatif, d'un « plan B » vers la résidence américaine.

Nul ne sait encore si le Congrès consacrera ce dispositif par une loi, ni si des recours en justice viendront en entraver le cours ; pour l'heure, le portail trumpcard.gov demeure opérationnel et reçoit les paiements.

Pour toute information complémentaire, consultez trumpcard.gov, et n'omettez jamais de solliciter l'expertise d'un avocat spécialisé.

Annexe I

Attention : la présente traduction est présentée à fin informative uniquement. Seul le texte original du décret présidentiel disponible sur le site de l'USCIS à force de loi. Reportez-vous toujours au site officiel et faites appel à un avocat d'immigration dûment qualifié.

Décret exécutif n° 14351 du 19 septembre 2025

La carte Gold

En vertu des pouvoirs qui me sont conférés en tant que président par la Constitution et les lois des États-Unis d'Amérique, il est ordonné ce qui suit :

Section 1. *Objet.* Mon administration a travaillé sans relâche pour défaire les politiques d'immigration désastreuses de l'administration précédente. Ces politiques ont entraîné un afflux massif d'immigrants, sans que l'on se soucie sérieusement de l'impact que ces immigrants auraient sur les intérêts des États-Unis.

Plus important encore, l'administration précédente a permis à des millions d'étrangers d'entrer illégalement aux États-Unis, au détriment de la sécurité publique, de la sécurité nationale et de l'État de droit. Les cartels internationaux, les organisations criminelles transnationales, les terroristes et les acteurs étrangers malveillants ont profité de ces politiques d'ouverture des frontières. L'administration précédente a également permis des abus dans le processus d'accueil des réfugiés, inondant les villes et les villages d'étrangers et, dans certains cas, les obligeant à déclarer l'état d'urgence pour faire face à la crise.

Mon gouvernement a pour priorité de réaligner la politique fédérale en matière d'immigration sur les intérêts de la nation en mettant fin à l'immigration illégale et en donnant la priorité à l'admission d'étrangers qui apporteront une contribution positive à la nation, notamment des entrepreneurs, des investisseurs et des hommes et femmes d'affaires prospères.

Pour faire avancer cette politique, j'annonce par la présente la *Gold Card*, un programme de visas supervisé par le secrétaire au Commerce qui facilitera l'entrée des étrangers ayant démontré leur capacité et leur volonté de promouvoir les intérêts des États-Unis en faisant volontairement un don financier important à la nation.

Sec. 2. *La Gold Card.* (a) Le secrétaire au Commerce, en coordination avec le secrétaire d'État et le secrétaire à la Sécurité intérieure, mettra en place un programme «*Gold Card*» autorisant un étranger qui fait un don sans restriction au ministère du Commerce en vertu de l'article 15 U.S.C. 1522 (ou pour lequel une société ou une entité similaire fait un tel don) à établir son éligibilité à un visa d'immigrant en utilisant une procédure accélérée, dans la mesure où cela est compatible avec la loi et les préoccupations de sécurité publique et de sécurité nationale. Le montant du don requis est de 1 million de dollars pour une personne physique faisant un don en son nom propre et de 2 millions de dollars pour une société ou une entité similaire faisant un don au nom d'une personne physique.

(b) Lors de l'examen des demandes de visa, le Secrétaire d'État et le Secrétaire à la Sécurité intérieure doivent, conformément à la loi applicable, considérer le don spécifié au paragraphe (a) de la présente section comme une preuve d'éligibilité en vertu de l'article 8 U.S.C. 1153(b)(1)(A), de compétences commerciales exceptionnelles et d'intérêt national en vertu de l'article 8 U.S.C. 1153(b)(2)(A), et de l'éligibilité à une dérogation pour intérêt national en vertu de l'article 8 U.S.C. 1153(b)(2)(B).

(c) Le secrétaire au Commerce doit déposer les dons versés en vertu du paragraphe (a) de la présente section dans un fonds distinct du département du Trésor et les utiliser pour promouvoir le commerce et l'industrie américaine, conformément aux pouvoirs statutaires du département du Commerce, *voir, par exemple,* 15 U.S.C. 1512.

Sec. 3. *Mise en œuvre*. Le Secrétaire au Commerce, le Secrétaire d'État et le Secrétaire à la Sécurité intérieure prendront, dans les 90 jours suivant la date du présent décret, toutes les mesures nécessaires et appropriées pour mettre en œuvre le programme *Gold Card*. Entre autres, ils devront, dans la mesure où cela est conforme à la législation applicable et à leurs pouvoirs statutaires respectifs, y compris les limites du nombre de visas spécifiées dans 8 U.S.C. 1151 *et suivants* :

(a) Mettre en place une procédure de demande et d'examen accéléré des demandes de carte *Gold*, de délivrance de visas et d'ajustement de statut.

(b) Préciser la date à laquelle les demandeurs (ou les parrains, le cas échéant) peuvent commencer à soumettre des dons pour examen dans le cadre du programme de carte *Gold*.

(c) Mettre en place une procédure permettant à un titulaire de la *Gold Card* parrainé par une société ou une entité similaire de renoncer à son statut et au secrétaire d'État et au secrétaire à la Sécurité intérieure de considérer le don initial comme une preuve d'éligibilité en vertu de l'article 8 U.S.C. 1153(b)(1)(A), de compétences commerciales exceptionnelles et d'intérêt national en vertu de l'article 8 U.S.C. 1153 (b)(2)(A), et de l'éligibilité à une dérogation pour intérêt national en vertu de 8 U.S.C. 1153(b)(2)(B), pour une autre personne désignée par la société ou l'entité similaire. Le cessionnaire est par ailleurs soumis aux mêmes procédures qu'un demandeur de visa initial, y compris un contrôle approprié pour la sécurité publique et la sécurité nationale.

(d) Fixer les frais administratifs destinés à couvrir le coût du traitement accéléré en vertu du paragraphe (a) de la présente section.

(e) Fixer les frais de maintenance et de transfert pour les sociétés ou entités similaires parrainant des personnes dans le cadre du programme *Gold Card*.

(f) Envisager d'étendre le programme *Gold Card* aux demandeurs de visa en vertu de l'article 8 U.S.C. 1153(b)(5).

Sec. 4. *Divisibilité*. Si une disposition du présent décret, ou l'application d'une disposition à une personne, est jugée invalide, les autres dispositions et applications n'en sont pas affectées.

Sec. 5. *Dispositions générales*. (a) Aucune disposition du présent décret ne doit être interprétée comme portant atteinte ou affectant de quelque manière que ce soit :

(i) l'autorité conférée par la loi à un département ou à une agence exécutive, ou à son chef ; où

(ii) les fonctions du directeur du Bureau de la gestion et du budget relatives aux propositions budgétaires, administratives ou législatives.

(b) Le présent décret doit être mis en œuvre conformément à la loi applicable et sous réserve de la disponibilité des crédits.

(c) Le présent décret n'a pas pour objet et n'a pas pour effet de créer un droit ou un avantage, substantiel ou procédural, opposable en droit ou en équité par une partie quelconque à l'encontre des États-Unis, de leurs départements, agences ou entités, de leurs fonctionnaires, employés ou agents, ou de toute autre personne.

(d) Les frais de publication du présent décret sont à la charge du Ministère du Commerce.

LA MAISON BLANCHE,
Le 19 septembre 2025.
Signature Donald J. Trump.
[FR Doc. 2025-18602

Bibliographie

1. Sources officielles et législatives

Décret exécutif n° 14351 du 19 septembre 2025, signé par le Président Donald J. Trump, publié au Federal Register (FR Doc. 2025-18602). La Maison Blanche.
Immigration and Nationality Act (INA), notamment 8 U.S.C. §§ 1151 et suivants, 1153(b)(1)(A) et 1153(b)(2) (catégories EB-1A et EB-2 NIW).15 U.S.C. § 1522 et 15 U.S.C. § 1512 (utilisés pour le traitement des dons au Trésor).
Reform and Integrity Act of 2022 (réforme du programme EB-5).

2. Jurisprudence

Arizona v. United States, 2012.DHS v. Regents of the University of California, 2020.
Galvan v. Press, 1954.INS v. Chadha, 1983.Knauff (affaire de 1950, citée pour le pouvoir inhérent de l'exécutif en matière d'immigration).
Texas v. United States, 2015 et 2021 (affaires DACA).
Youngstown Sheet & Tube Co. v. Sawyer, 1952.

3. Articles de presse et médias

Presse américaine :
All-In (podcast), mars 2025 (déclarations du secrétaire au Commerce Howard Lutnick).
CNBC (articles sur la Gold Card et les visas EB-1A/EB-2).
Forbes, 24 septembre 2025 (« probably won't happen » concernant la Gold Card).
New York Times, édition du 25 février 2025 (annonce de la Trump Gold Card par le président Trump).
New York Times (autre référence, note 23).
Politico (cité pour le rôle de Howard Lutnick).

Wall Street Journal, 23 septembre 2025 (déclarations du secrétaire au Commerce Howard Lutnick).

Presse française :
Le Figaro (11 décembre 2025) : « Donald Trump monétise l'immigration : comment fonctionne la « Gold Card » à un million de dollars qui vient d'être lancée »
Huffington Post France (11 décembre 2025) : « Donald Trump a lancé sa « Gold Card » pour immigrer légalement aux États-Unis contre 1 million de dollars »
Les Echos (21 septembre 2025) : « Trump Platinum Card / Trump Gold Card : les nouvelles cartes de séjour des États-Unis coûtent jusqu'à 5 millions de dollars »
Libération (20 septembre 2025) : « Donald Trump lance sa « gold card » à 1 million de dollars mais durcit l'accès à un important visa de la tech »
CNews (20 septembre 2025) : « «Gold Card» : Donald Trump signe un décret pour créer une carte de séjour à 1 000 000 de dollars »
Europe 1 (11 décembre 2025) : « États-Unis : qu'est-ce que la Gold Card, cette carte à 1 million de dollars lancée par Donald Trump ? »
Le Monde (26 février 2025 et articles ultérieurs) : Couverture de l'annonce initiale à 5 millions, puis des évolutions.
RFI (avril et juin 2025) : Articles sur les premières annonces et le site web dédié.
France-Immigration.com (2 mars 2026) : « Gold Card USA, le nouveau visa de Résidence Permanente »

4. Publications en ligne et réseaux sociaux

Filipowski, Ron (Meidas Touch). Post sur X, cité dans le chapitre 6.
Favreau, Jon (Pod Save America). Post sur X, cité dans le chapitre 6.
Wilson, Tamie. Post sur X, cité dans le chapitre 6.

5. Sites internet officiels

trumpcard.gov (portail officiel du programme Gold Card, ouvert en décembre 2025).
U.S. Citizenship and Immigration Services (USCIS) – références aux catégories EB-1A (« *extraordinary ability* ») et EB-2 NIW (« *national interest waiver* ») ainsi qu'aux formulaires I-140 et I-140G.

Table des matières

www.ingramcontent.com/pod-product-compliance
Lightning Source LLC
LaVergne TN
LVHW022304200926
848481LV00004B/1220